Collection dirigée par Fabien Fichaux

L'essentiel pour réussir en allemand

Isabelle Mity
Ancienne élève de l'École normale supérieure de Fontenay/Lyon
Agrégée de l'université
Docteur en études germaniques
Professeur agrégée à l'université Paris-Dauphine

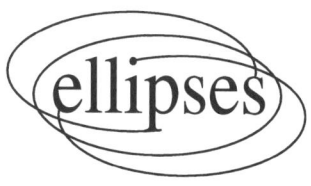

ISBN 978-2-7298-6417-0
© Ellipses Édition Marketing S.A., 2011
32, rue Bargue 75740 Paris cedex 15

Le code de la propriété intellectuelle n'autorisant, aux termes de l'article L.122-5.2° et 3°a), d'une part, que les « copies ou reproductions strictement réservées à l'usage privé du copiste et non destinées à une utilisation collective », et d'autre part, que les analyses et les courtes citations dans un but d'exemple et d'illustration, « toute représentation ou reproduction intégrale ou partielle faite sans le consentement de l'auteur ou de ses ayants droit ou ayants cause est illicite » (Art. L.122-4).
Cette représentation ou reproduction, par quelque procédé que ce soit constituerait une contrefaçon sanctionnée par les articles L. 335-2 et suivants du code de la propriété intellectuelle.

www.editions-ellipses.fr

TABLE DES MATIÈRES

AVANT-PROPOS..7

1. MAÎTRISER LES BASES DE LA GRAMMAIRE 9

A. Les incontournables de la grammaire allemande 10
L'ordre des mots dans la phrase allemande 10
Les cas...12
    Définition et usage 12
    Articles et pronoms aux différents cas 14
    Quel cas après quel verbe ? 16
    La déclinaison de l'adjectif épithète 18
Les prépositions 23
    Les prépositions suivies de l'accusatif................................23
    Les prépositions suivies du datif 24
    Les prépositions mixtes 25
    Les prépositions suivies du génitif 27
    Le locatif et le directionnel... 28
    Les prépositions dans les compléments de temps 31
    Les verbes, noms et adjectifs à préposition 33

B. Les fautes de grammaire récurrentes à bannir 44
Infinitif ou participe passé ? 44
Le prétérit et le subjonctif 2 des auxiliaires et des verbes de modalité..... 48
Le pronom personnel et le pronom réfléchi *sich*..................... 49
Les pronoms personnels datif pluriel *ihnen* et *Ihnen* et les adjectifs possessifs à l'accusatif *ihren* et *Ihren*.. 49
La négation : *nicht* et *kein*... 50
La traduction de la provenance : *aus* ou *von* ? 51
La traduction de « quand » : *wann*, *wenn* ou *als* ? 52
La traduction de « avant » et « avant de » : *vor*, *vorher* ou *bevor* ?........ 53
La traduction de « après » et « après que » : *nach*, *danach* ou *nachdem* ?... 53
La traduction de « si » : *ob* ou *wenn* ? 54
La traduction de « que » : *dass* ou pronom relatif ?....................55
La traduction de « pour » et « pour que » : *für*, *um ... zu* ou *damit* ?........ 56
La traduction de « comme » : *da*, *als* ou *wie* ? 57
La traduction de « pouvoir » : *können* ou *dürfen* ?.................... 59

La traduction de « devoir » : *müssen* ou *sollen* ? 60
Le choix de l'auxiliaire au parfait : *sein* ou *haben* ? 61

C. Quelques règles basiques de la graphie allemande 63

Les majuscules 63
Le rôle de la virgule 64
ss ou *ß* ? 65
L'ajout ou l'élision du *-e* 65

2. ÉVITER LES CONFUSIONS CLASSIQUES 67

A. Les anglicismes interdits 68

B. Les confusions rituelles à éliminer 71

La traduction de « mais » : *aber* ou *sondern* ? 71
La traduction de « enfin » : *endlich* ou *schließlich* ? 71
La traduction de « seulement » : *erst* ou *nur* ? 72
La traduction de « assez » : *genug* ou *ziemlich* ? 73
La traduction de « beaucoup » : *sehr* ou *viel* ? 73
La traduction de « diminuer » et « augmenter » : *sinken* ou *senken* ? *steigen* ou *steigern* ? 74
alles et *alle* 75
bieten et *bitten* 75
denn et *dann* 76
einig-, *einzig* et *eigen* 76
erklären et *erzählen* 77
fordern et *fördern* 77
der Junge et *der Jugendliche* 78
kennen, *können* et *wissen* 78
man et *Mann* 79
meistens, die meisten, am meisten 80
schon et *schön* 81
die Stadt et *der Staat* 81
die Stunde et *die Uhr* 81
zahlen et *zählen* 82
die Zahl, die Ziffer et *die Nummer* 82

3. COMMENTER, ARGUMENTER, STRUCTURER 85

A. Les adverbes et mots de liaison indispensables 86
B. Verbes et expressions utiles en expression écrite et orale ... 89
C. Méthodologie du commentaire de texte à l'oral 97
D. La prononciation 102

4. ENRICHIR SON VOCABULAIRE 107

A. Aide mémoire : le genre et le pluriel des noms 108
B. La société / *die Gesellschaft* 111
La démographie / *die Demographie* 111
L'immigration et l'intégration /
die Einwanderung und die Integration 113
Les problèmes sociaux / *die sozialen Probleme* 115
l'égalité des droits / *die Gleichberechtigung* 117
La santé publique / *die öffentliche Gesundheit* 117
L'éducation et la formation / *die Erziehung und die Ausbildung* 120
Les medias et la communication /
die Medien und die Kommunikation 122
Les loisirs / *die Freizeit* 123

C. La politique / *die Politik* 125
Les différents systèmes et doctrines politiques /
die verschiedenen politischen Systeme und Lehren 125
Le système politique en Allemagne, Autriche, Suisse /
das politische System in Deutschland, Österreich und in der Schweiz .. 126
Les partis / *die Parteien* 129
Les élections / *die Wahlen* 130
L'Europe / *Europa* 131

D. L'économie / *die Wirtschaft* 133
Les secteurs économiques / *die Wirtschaftssektoren* 133
Le monde du travail / *die Arbeitswelt* 135
La société de consommation / *die Konsumgesellschaft* 138
La conjoncture / *die Konjunktur* 140

E. Les sciences et techniques / *die Wissenschaft und die Technik* 142

Les nouvelles technologies / *die neuen Technologien* 142
Les enjeux et défis des nouvelles technologies /
die Herausforderungen der neuen Technologien 144

F. L'environnement / *die Umwelt* 146

La pollution et les nuisances écologiques /
die Umweltverschmutzung und die Umweltschäden 146
Le changement climatique / *der Klimawandel* 147
La protection de l'environnement et le développement durable /
der Umweltschutz und die nachhaltige Entwicklung 148

G. Les relations internationales / *die internationalen Beziehungen* 151

La mondialisation / *die Globalisierung* 151
La guerre, la paix et les droits de l'homme /
der Krieg, der Frieden und die Menschenrechte 152
Le terrorisme / *der Terrorismus* 154

H. L'histoire / *die Geschichte* 155

L'Allemagne jusqu'en 1945 / *Deutschland bis 1945* 155
De 1945 à 1989 / *von 1945 bis 1989* 156
De 1989 à nos jours / *von 1989 bis jetzt* 156

I. La géographie / *die Geographie* 158

Généralités / *Allgemeines* 158
Pays européens / *europäische Länder* 159
L'Amérique / *Amerika* 161
L'Afrique / *Afrika* 162
L'Asie / *Asien* 162
L'Océanie / *Ozeanien* 163

ANNEXES 165

Annexe 1 – Conjugaisons 166
Annexe 2 – Liste des principaux verbes irréguliers 170

INDEX 175

AVANT-PROPOS

Cet ouvrage s'adresse à tous les étudiants qui se donnent pour objectif d'améliorer leur allemand, que ce soit dans l'optique d'un concours (Écoles de commerce et d'ingénieurs, IEP, concours administratifs) ou dans le cadre de leurs études universitaires (allemand pour non spécialistes, LEA). Ils trouveront ici l'essentiel en quatre temps pour réussir en allemand :

1. les bases de la grammaire allemande, limitées aux éléments qui posent généralement le plus problème,
2. des conseils pour se débarrasser des confusions classiques,
3. une méthodologie pour s'exprimer de façon cohérente à l'écrit et à l'oral,
4. un réservoir de vocabulaire sur des thèmes donnés.

Ce guide n'a pas la prétention d'être un manuel de grammaire exhaustif. Vous n'y trouverez pas l'intégralité de la grammaire allemande, mais les erreurs et difficultés relevées année après année par le professeur d'allemand que je suis et pointées dans les rapports de jurys de concours. Cet ouvrage vous en propose un éventail destiné à vous faire comprendre vos erreurs et à les corriger une bonne fois pour toutes. N'oubliez pas de vous servir de l'index et des annexes comme compléments indispensables à la partie grammaire.

Pour réussir en allemand, vous devrez être capable de vous exprimer de manière structurée sur un certain nombre de thèmes. Le relevé des mots indispensables dans toutes les situations ainsi qu'un panorama lexical sur les sujets susceptibles de tomber le jour J vous aideront à remplir cet objectif.

Aucun guide, aussi complet soit-il, ne remplace la présence et le travail d'un professeur. Cet ouvrage est conçu pour prolonger les cours et les conseils de votre professeur mais aussi pour lui éviter si possible d'avoir à revenir sans cesse sur les mêmes erreurs, surtout lorsqu'elles concernent des éléments censés avoir été assimilés dans le secondaire. Si la base de la pédagogie est la répétition, c'est aussi celle de l'apprentissage. N'hésitez donc pas à revenir en arrière, relire et revoir encore et encore, jusqu'à ce que les éléments essentiels s'impriment dans votre mémoire.

À vous de jouer ! Bon courage !

1. MAÎTRISER LES BASES DE LA GRAMMAIRE

Cette partie ne recense pas l'intégralité des difficultés de la langue allemande, mais les éléments généralement les moins bien assimilés et donc les plus générateurs de fautes. Comme ce sont des erreurs rituelles, elles ont le don d'exaspérer les professeurs, correcteurs et jurys, et par conséquent de faire rapidement tomber les points et chuter les notes. Si vous n'avez toujours pas compris à quoi correspondent l'accusatif et le datif, si le locatif et le directionnel demeurent un mystère à vos yeux et si vous mélangez allègrement les prépositions, cette partie est pour vous. Mais attention ! Il n'y aura pas de miracle si vous n'apprenez pas par cœur et méthodiquement les règles…

A. LES INCONTOURNABLES DE LA GRAMMAIRE ALLEMANDE

L'ORDRE DES MOTS DANS LA PHRASE ALLEMANDE

Les Français sont souvent perturbés par la syntaxe allemande et par ces verbes qu'on leur dit de mettre en deuxième position ou à la fin de la phrase. Ils ont ainsi tendance à parler en calquant les mots allemands sur l'ordre des mots français. Cela donne des phrases certes compréhensibles, mais que diraient-ils si les Allemands s'exprimaient en français en mettant les verbes à la place qui leur est dévolue dans la phrase allemande ?

La syntaxe allemande n'est pas la syntaxe française et il faut la respecter. Pour ce faire, il suffit de faire attention aux règles suivantes, qui, quand elles ont été assimilées, ne posent plus aucun problème.

- **dans la phrase énonciative, le verbe conjugué est en deuxième position.**

   En **première position**, on peut mettre :

   - *le sujet*

      Ex : <u>der Bundeskanzler</u> kommt nächste Woche nach Frankreich.

   - *un complément (de temps, de lieu...)*

      Ex : <u>nächste Woche</u> kommt der Bundeskanzler nach Frankreich.

   - *un adverbe*

      Ex : <u>jetzt</u> fühle ich mich besser.

   - *une subordonnée*

      Ex : <u>als er letztes Jahr kam</u>, war das Haus noch nicht fertig.

   Remarques :
   - Lorsque la première place est occupée par un complément ou un adverbe, on ne met pas de virgule pour séparer du verbe en deuxième position, à la différence du français.

A. Les incontournables de la grammaire allemande

- Lorsqu'il y a un **second verbe dans la proposition**, celui-ci reste à l'infinitif et est rejeté en dernière position.

  Ex : *ich muss meine Hausaufgaben machen.*

- Les **conjonctions de coordination** (mais - *aber*, ou - *oder*, et - *und*, car - *denn*, ou... ou / soit... soit - *entweder... oder*, ni... ni - *weder... noch*) comptent pour zéro dans la phrase, elles sont hors construction.

  Ex : *ich habe keinen Hunger mehr aber ich will diesen leckeren Schokoladenkuchen probieren.*

▶ **dans la subordonnée, le verbe conjugué est en dernière position.**

La subordonnée est séparée de la principale par une virgule, placée **devant** le subordonnant. La subordonnée commence par le subordonnant et se termine par le verbe conjugué.

  Ex : *der Minister ist zurückgetreten, weil er in einen Skandal verwickelt war* : le ministre a démissionné parce qu'il était impliqué dans un scandale.

▶ **dans les questions, le verbe conjugué est :**

- **en première position dans les interrogatives globales** (questions auxquelles on peut répondre « oui » ou « non » pour seule réponse).

  Ex : *Bist du heute Abend zu Hause ? – Ja.*

  Remarque :
  Les questions qui commencent par « est-ce-que » correspondent aux questions globales avec verbe en première position en allemand.

- **en deuxième position dans les interrogatives partielles** (questions qui attendent une réponse autre que « oui » ou « non »). Ces questions commencent par un interrogatif, un *W-Wort*, tel : *was, warum, wo, wohin, woher, wann, wer* etc...

  Ex : *Was läuft heute Abend im Kino ? – Der neue Di Caprio Film.*

LES CAS

Ils sont une source fréquente d'erreurs car mal compris et / ou mal appris. De nombreux étudiants ne savent pas très bien à quoi ils renvoient, car ils connaissent mal la grammaire française. Pourtant, si le français n'a pas de déclinaisons, il a des fonctions grammaticales qui correspondent aux cas allemands.

Les cas sont également utilisés après les prépositions ou dans certains groupes nominaux, sans correspondre à une fonction grammaticale précise.

● DÉFINITION ET USAGE

Rappel de grammaire française :

Pierre, le frère	de Claudia	écrit	un mail	à sa correspondante allemande
SUJET		VERBE	COD	COI / COS
	Cplt de nom			

En allemand,

- le **nominatif** est le cas du **sujet** et de **l'attribut du sujet**.

   Ex : *dieser Hund ist ein Pitbull* : ce chien (sujet) est un pitbull (attribut du sujet).

   ✍ *Sein* est toujours suivi du nominatif, jamais de l'accusatif, puisqu'il n'y a pas de COD avec ce verbe. ✍

- l'**accusatif** est le cas du **complément d'objet direct**.

   Ex : *ich esse einen Apfel* : je mange une pomme (COD).

   Mais il accompagne aussi de nombreuses prépositions (liste p. 23-24 et 25-27).

   On le trouve également dans des compléments de temps sans préposition.

   Ex : *dieses Jahr / jedes Jahr / letztes Jahr / nächstes Jahr* : cette année / chaque année / l'an dernier / l'an prochain
   diesen Monat / jeden Monat / letzten Monat / nächsten Monat : ce mois-ci / chaque mois / le mois dernier / le mois prochain

> *diese Woche / jede Woche / letzte Woche / nächste Woche* : cette semaine / chaque semaine / la semaine dernière / la semaine prochaine
> *dieses Mal / jedes Mal / letztes Mal / nächstes Mal* : cette fois-ci / chaque fois / la dernière fois / la prochaine fois
> *jeden Tag / jeden zweiten Tag* : chaque jour, tous les jours / tous les deux jours
> *jeden Montag / jeden Dienstag / jeden Mittwoch...* : tous les lundis / tous les mardis / tous les mercredis...
> *den ganzen Tag* : toute la journée

- le **datif** est le cas du **complément d'objet indirect** (ainsi que du complément d'objet second et du complément d'attribution). Il correspond la plupart du temps au COI introduit par la préposition « à » en français.

    Ex : *ich schreibe meinem Freund* : j'écris à mon ami (COI).

    Il accompagne également de nombreuses prépositions (liste p. 24-27).

- le **génitif** est le cas du **complément de nom**. Il correspond au complément de nom introduit par la préposition « de » en français. A l'oral, on tend à lui préférer la forme de remplacement avec la préposition *von* suivie du datif.

    Ex : *das neue Auto meines Bruders* (ou *das neue Auto von meinem Bruder*) : la nouvelle voiture de mon frère (complément de nom).

    Il accompagne quelques prépositions (liste p. 27-28).

    On le trouve aussi dans quelques groupes nominaux qui ne sont pas compléments de nom.

    Ex : *eines Tages* : un jour

1. Maîtriser les bases de la grammaire

◉ ARTICLES ET PRONOMS AUX DIFFÉRENTS CAS

▸ l'article défini (le, la, les)

	masculin	féminin	neutre	pluriel
nominatif	*der*	*die*	*das*	*die*
accusatif	*den*	*die*	*das*	*die*
datif	*dem*	*der*	*dem*	*den*
génitif	*des*	*der*	*des*	*der*

▸ l'article indéfini (un, une)

	masculin	féminin	neutre	pluriel
nominatif	*ein*	*eine*	*ein*	*keine*
accusatif	*einen*	*eine*	*ein*	*keine*
datif	*einem*	*einer*	*einem*	*keinen*
génitif	*eines*	*einer*	*eines*	*keiner*

▸ le pronom personnel (je, tu, il...)

nominatif	accusatif	datif
ich	*mich*	*mir*
du	*dich*	*dir*
er	*ihn*	*ihm*
sie	*sie*	*ihr*
es	*es*	*ihm*
wir	*uns*	*uns*
ihr	*euch*	*euch*
sie	*sie*	*ihnen*
Sie	*Sie*	*Ihnen*

Remarques :

- Le pronom personnel au génitif existe mais n'est pratiquement jamais employé.
- Lorsque dans la phrase, il y a un pronom personnel à l'accusatif et un autre au datif, le pronom personnel à l'accusatif précèdera le pronom personnel au datif.

    Ex : *sie gibt es ihm.*

- En revanche, s'il y a un pronom et un GN, c'est le pronom qui précèdera le COD (comme en français).

    Ex : *sie gibt ihm ihre Adresse.*

le pronom relatif

Le pronom relatif introduit une subordonnée relative et s'accorde en genre et en nombre avec l'antécédent situé dans la principale, dont il est séparé par une virgule. Son cas est déterminé par la fonction grammaticale qu'il occupe dans la relative. Il peut être sujet, COD, COI, complément de nom ou complément circonstanciel.

> Attention à ne pas le confondre avec la conjonction de subordination *dass* !

Ex : *die Frau, die gerade aus dem Supermarkt kommt, ist meine Mutter. Die* est au nominatif car il est le sujet de la relative.

Ex : *der Mann, den ich liebe, heißt Andreas.* Le pronom relatif est à l'accusatif car il est COD dans la relative. Notez ici la différence entre le pronom relatif et la conjonction de subordination *dass*, même si en français, on dit « que » dans les deux cas (voir aussi p. 55).

Ex : *die Frau, der ich den Blumenstrauß schenke, ist meine Freundin.* Le pronom relatif est au datif car il est COI dans la relative.

Ex : *die Frau, deren Hund mich gebissen hat, ist meine Nachbarin.* Le pronom relatif est au génitif car il est complément de nom dans la relative.

	masculin	féminin	neutre	pluriel
nominatif	*der*	*die*	*das*	*die*
accusatif	*den*	*die*	*das*	*die*
datif	*dem*	*der*	*dem*	*denen*
génitif	*dessen*	*deren*	*dessen*	*deren*

Quel cas après quel verbe ?

Rappel de grammaire française :

- En français, il existe des verbes **transitifs** (suivis d'un COD ou d'un COI) et **intransitifs** (verbes qui n'ont jamais de COD ou de COI, mais des compléments circonstanciels).
- Les verbes transitifs directs sont suivis d'un COD, construit sans préposition.
- Les verbes transitifs indirects sont suivis d'un COI, construit avec une préposition.

Le même principe existe en allemand, il suffit de mettre les compléments au cas qui convient.

les verbes suivis de l'accusatif

Il s'agit pour la plupart de verbes qui, en français, sont suivis d'un COD (« prendre » par exemple), mais penser en français peut parfois induire en erreur. Voici une liste non exhaustive de verbes-pièges suivis de l'accusatif en allemand, alors que l'équivalent français n'est pas suivi d'un COD.

jn an/lügen : mentir à qn
jn an/reden / jn an/sprechen (a – o) : adresser la parole à qn
jn an/rufen (ie – u) : téléphoner à qn
jn aus/lachen : se moquer de qn
jn / etw. benötigen / brauchen : avoir besoin de qn / de qch
jn / etw. entbehren : se passer de qn / de qch
jn fragen : demander à qn
etw. genießen (o – o) : profiter, jouir de qch
jn kennen lernen : faire la connaissance de qn
jn kosten : coûter à qn
jn lehren : enseigner à qn
jn / etw. los/werden : se débarrasser de qn / de qch
jn überleben : survivre à qn
jn vermissen : manquer à qn (attention à la construction : *ich vermisse dich* : tu me manques)

A. Les incontournables de la grammaire allemande

➠ les verbes suivis du datif

La plupart des verbes qui, en français, sont suivis d'un COI, d'un COS ou d'un complément d'attribution (compléments introduits par la préposition « à » comme : « donner à », « offrir à », « écrire à ») sont suivis du datif en allemand. Toutefois, ici aussi, penser en français peut parfois être trompeur, car certains verbes suivis du datif en allemand correspondent en fait à des verbes français suivis d'un COD. Voici une liste indicative.

jm begegnen : rencontrer qn
jm danken : remercier qn
jm dienen : servir qn
jm drohen : menacer qn
jm erlauben : autoriser qn
jm folgen : suivre qn
jm glauben : croire qn
jm gratulieren : féliciter qn
jm helfen (a – o) : aider qn
jm nach/gehen (i – a) : suivre qn
jm schmeicheln : flatter qn
jm trotzen : défier qn
jm widersprechen (a – o) : contredire qn
jm zu/hören : écouter attentivement qn
jm zu/sehen (a – e) : regarder qn
jm zu/stimmen : approuver qn

➠ les verbes suivis du génitif

Il s'agit la plupart du temps de verbes qui, en français, sont suivis d'un COI (très souvent introduit par la préposition « de »). Ils sont mal connus, à l'instar du génitif, d'ailleurs. En voici donc un échantillon représentatif :

an/klagen / beschuldigen : accuser de
bedürfen : avoir besoin de
sich bedienen : se servir de
sich (dat.) bewusst sein : être conscient de
sich enthalten (ie – a) : s'abstenir de

gedenken (a – a) : commémorer
sich schämen : avoir honte de
sich vergewissern : s'assurer de
versichern : assurer de

LA DÉCLINAISON DE L'ADJECTIF ÉPITHÈTE

épithète ou attribut ? Décliné ou pas décliné ?

L'adjectif peut avoir deux fonctions dans la phrase :

- **attribut** : *Claudia ist hübsch.*

    Dans ce cas, l'adjectif attribut ne prend aucune terminaison. Il est invariable, contrairement au français, qui dira, lui, que Claudia est mignonne.

- **épithète** : *die hübsche Claudia ist meine Freundin.*

    L'adjectif épithète est toujours situé devant le nom qu'il qualifie et se décline, c'est-à-dire qu'il prend une terminaison (ou une marque) qui dépend du genre (masculin, féminin ou neutre), du nombre (singulier ou pluriel) et du cas (nominatif, accusatif, datif, génitif) du groupe nominal (GN) dans lequel il se trouve.

Remarque :
Ne sont pas déclinés :

- les adjectifs formés par des noms de villes

    Ex : *die Frankfurter Wurst, die Berliner Zeitung, das Brandenburger Tor...*

- les adjectifs dérivés de décennies

    Ex : *die dreißiger Jahre, in den achtziger Jahren...*

comment savoir quelle déclinaison choisir ?

Pour choisir la bonne terminaison, il faut analyser la phrase et savoir si l'adjectif épithète se rapporte à un nom masculin, féminin, neutre, singulier ou pluriel et si le GN est un sujet (nominatif), un COD (accusatif), un COI / COS (datif) ou un complément de nom (génitif).

Il faut également prendre garde au déterminant. S'agit-il d'un article défini (*der / die / das / die*) ? D'un article indéfini (*ein / eine / ein*) ? D'un adjectif possessif (*mein / dein / sein / ihr / unser / euer / ihr / Ihr*) ? D'un adjectif interrogatif (*welcher / welche / welches*) ? D'un adjectif démonstratif (*dieser / diese / dieses* ou *jener / jene / jenes*) ? D'un adjectif de quantité (*jeder / jede / jedes, alle, einige, ein paar, viel / viele, manch / manche, wenig / wenige*) ? D'un adjectif numéral cardinal (*zwei / drei / vier...*) ? Car la déclinaison sera aussi fonction du déterminant.

Il faut « prendre le pli » et faire très attention au début, ce qui est plus fastidieux que de fonctionner à l'instinct ou de mettre n'importe quoi, comme le font beaucoup. Mais les bons réflexes sont à ce prix ! Les tableaux ci-dessous doivent être compris et appris par cœur et vos connaissances doivent ensuite être testées dans des exercices.

la déclinaison de l'adjectif épithète après l'article défini : la déclinaison faible

	masculin	féminin	neutre	pluriel
nominatif	*der nette Mann*	*die nette Frau*	*das nette Kind*	*die netten Leute*
accusatif	*den netten Mann*	*die nette Frau*	*das nette Kind*	*die netten Leute*
datif	*dem netten Mann*	*der netten Frau*	*dem netten Kind*	*den netten Leute**n***
génitif	*des netten Mann(e)***s***	*der netten Frau*	*des netten Kind(e)***s***	*der netten Leute*

Remarques :

- L'adjectif épithète *nett* (gentil) se termine en *-en* partout, sauf dans la partie grise qui ressemble vaguement à une casserole ou à une poêle dont la poignée serait le nominatif masculin. Dans cette poêle, l'adjectif se termine toujours par un *-e*. (C'est la fameuse « poêle aux œufs »).

- ✎ Notez qu'au datif pluriel, le déterminant, l'adjectif et le nom prennent un *-n*. ✎

- ✎ Notez qu'au génitif masculin et neutre, le nom prend un *-s*. ✎ Les masculins faibles (voir p. 22) sont les seuls mots masculins à ne pas prendre de *-s* au génitif. On intercale un *-e* avant le *-s* si le nom se termine en *-s, -ß, -x, -z, -sch* et *-zt*. Le *-e* intercalaire est également possible lorsque le nom se termine en *-d* ou en *-t* ou par deux consonnes.

Ex : *das Ende des Prozesses, die Leine des Hundes, das Auto des Mannes.*

- Se déclinent sur ce modèle les adjectifs épithètes précédés de :

alle : tous (*alle berühmten Schauspieler*)
dieser / diese / dieses : ce / cette (*dieser kleine Hund*)
jener / jene / jenes : ce / cette (*jenes süße Baby*)
jeder / jede / jedes : chaque (*jede schöne Blume*)
welcher / welche / welches : quel / quelle / quels (*welche neuen Jacken*)

▶ **la déclinaison de l'adjectif épithète après l'article indéfini : la déclinaison mixte**

	masculin	féminin	neutre	pluriel
nominatif	*ein netter Mann*	*eine nette Frau*	*ein nettes Kind*	*keine netten Leute*
accusatif	*einen netten Mann*	*eine nette Frau*	*ein nettes Kind*	*keine netten Leute*
datif	*einem netten Mann*	*einer netten Frau*	*einem netten Kind*	*keinen netten Leute**n**
génitif	*eines netten Mann(e)**s**	*einer netten Frau*	*eines netten Kind(e)**s**	*keiner netten Leute*

Remarques :

- Se déclinent sur ce modèle les adjectifs épithètes précédés de :
mein / dein / sein (possesseur masculin et neutre) / *ihr* (possesseur féminin) / *unser / euer / ihr / Ihr* (possesseur que l'on vouvoie, formule de politesse)
was für ein / was für eine / was für ein : quel / quelle (*was für eine süße Katze*).

- Quand l'article ne porte aucune marque, c'est l'adjectif qui la récupère. Ainsi, comme on ne dit pas *einer Mann* ni *eines Kind*, le *-er* du masculin et le *-es* du neutre sont reportés sur l'adjectif épithète. On appelle cela la <u>déclinaison forte</u>.

⇒ la déclinaison forte de l'adjectif épithète

	masculin	féminin	neutre	pluriel
nominatif	*frischer Saft*	*heiße Milch*	*kaltes Wasser*	*gute Schüler*
accusatif	*frischen Saft*	*heiße Milch*	*kaltes Wasser*	*gute Schüler*
datif	*frischem Saft*	*heißer Milch*	*kaltem Wasser*	*guten Schüler**n***
génitif	*frischen Safte**s***	*heißer Milch*	*kalten Wasser**s***	*guter Schüler*

Remarques :

- En l'absence d'article, c'est l'adjectif épithète qui porte la marque.

- L'absence d'article en allemand se traduit par le partitif en français (*frischer Saft* : du jus frais, *heiße Milch* : du lait chaud, *kaltes Wasser* : de l'eau froide, *gute Schüler* : de(s) bons élèves).

- Se déclinent sur ce modèle les adjectifs précédés de :

    einige : quelques (*einige reiche Leute*)
    zahlreiche : de nombreux (*zahlreiche arme Leute*)
    ein paar : quelques (*ein paar elegante Leute*)
    viel : beaucoup (+ nom au singulier) (*viel gutes Bier*). ✎ *Viel* reste invariable au singulier. ✎
    viele : de nombreux (*viele leckere Käsesorten*). ✎ Notez que l'on ne met de –*e* à *viel* que lorsqu'il est suivi d'un nom au pluriel, et uniquement dans ce cas-là. ✎
    mehrere : plusieurs (*mehrere interessante Kandidaten*)
    wenige : peu (*wenige gute Schüler*)
    manche : certains (*manche bekannte Politiker*). Au singulier, *manch-* est en revanche suivi d'une déclinaison faible.
    zwei / drei… / x Milliarden… : *hundert illegale Migranten*

⇒ adjectifs substantivés et masculins faibles

- Certains adjectifs peuvent être employés comme substantifs mais conserver leur déclinaison d'épithète. Voici quelques exemples utiles :

    Ex :

    der Angestellte (-n), ein Angestellter, Angestellte : l'employé, un employé, des employés

der Arbeitslose (-n), ein Arbeitsloser, Arbeitslose : le chômeur, un chômeur, des chômeurs

der Beamte (-n), ein Beamter, Beamte : le fonctionnaire, un fonctionnaire, des fonctionnaires

der Deutsche (-n), ein Deutscher, Deutsche : l'Allemand, un Allemand, des Allemands

der Kranke (-n), ein Kranker, Kranke : le malade, un malade, des malades

der Jugendliche (-n), ein Jugendlicher, Jugendliche : le jeune, un jeune, des jeunes

der Tote (-n), ein Toter, Tote : le mort, un mort, des morts

der Verwandte (-n), ein Verwandter, Verwandte : le parent, le proche, un parent, un proche, des parents

- Les masculins faibles sont des noms masculins qui prennent un *-(e)n* à tous les cas, sauf au nominatif singulier. Ils sont souvent courts et désignent des êtres animés.

Ex :

der Bär (-en, -en) : l'ours
der Bayer (-n, -n) : le Bavarois
der Fürst (-en, -en) : le prince
der Däne (-n, -n) : le Danois
der Franzose (-n, -n) : le Français
der Held (-en, -en) : le héros
der Herr (-n, -en) : le monsieur
der Ire (-n, -n) : l'Irlandais
der Junge (-n, -n) : le petit garçon
der Löwe (-n, -n) : le lion
der Mensch (-en, -en) : l'être humain
der Philosoph (-en, -en) : le philosophe
der Pilot (-en, -en) : le pilote
der Polizist (-en, -en) : le policier
der Prinz (-en, -en) : le prince
der Schwede (-n, -n) : le Suédois
der Student (-en, -en) : l'étudiant

LES PRÉPOSITIONS

Elles sont à l'origine de très nombreuses fautes. Soit parce que l'étudiant ne sait pas quel cas régit la préposition qu'il emploie et tente donc plusieurs cas avec la même préposition, soit parce qu'il la confond avec une autre ou avec une préposition anglaise. Futurs candidats aux concours, attention ! Des erreurs répétées de prépositions finissent par coûter très cher ! Là non plus, il n'y a pas de miracle : seul un apprentissage rigoureux permet d'utiliser les prépositions à bon escient.

LES PRÉPOSITIONS SUIVIES DE L'ACCUSATIF

Apprenez-les dans l'ordre suivant, et tant que vous y êtes, retenez également leur traduction française.

durch :

- à travers

    Ex : *ich laufe durch den Wald* : je marche à travers la forêt, je traverse la forêt.

- par l'intermédiaire de

    Ex : *ich kenne ihn durch meine Freundin* : je le connais par l'intermédiaire de mon amie.

- par (complément d'agent inanimé dans une phrase au passif)

    Ex : *Port-au-Prince wurde durch ein schreckliches Erdbeben zerstört* : Port-au-Prince fut détruit par un terrible tremblement de terre.

für : pour

Ex : *für mich ist diese Nachricht äußerst wichtig.*

gegen : contre

Ex : *er kandidiert gegen den Minister.*

ohne : sans

Ex : *sie kommt nie ohne ihren Mann.*

um : autour de

> Ex : *du hast eine schöne Kette um den Hals* : tu as une jolie chaîne autour du cou.

● LES PRÉPOSITIONS SUIVIES DU DATIF

Elles sont souvent mieux connues, mais pas toujours suivies du bon cas. Les prépositions de lieu surtout (*aus*, *bei*, *nach* et *zu*), doivent être absolument assimilées (voir aussi p. 28-31).

aus : de (provenance, origine)

> Ex : *sie kommt aus der Türkei* : elle est originaire de Turquie.

bei : chez (locatif)

> Ex : *er verbringt seine Ferien bei seinen Eltern.*

mit : avec

> Ex : *ich komme mit dem Fahrrad.*

nach : après, vers / en

> Ex : *nach der Party war er todmüde.*
> Ex : *wann fährst du nach Deutschland ?*

seit : depuis

> Ex : *er hat seit einem Monat nicht angerufen.*

von :

- de

  > Ex : *von dem Turm aus hat man einen tollen Blick auf die Stadt.*

- par (complément d'agent dans la phrase au passif)

  > Ex : *der Pullover wurde von deiner Tante gestrickt.*

zu : chez (directionnel)

> Ex : *er ging zu seiner Freundin.*

Les prépositions suivantes sont également suivies du datif :

ab : à partir de

> Ex : *ab dem ersten Januar ist das Rauchen in den Kneipen verboten.*

außer : hormis, à part

> Ex : *außer dir hat mich keiner angerufen.*

dank : grâce à

> Ex : *das Kind wurde dank dem Hund gerettet* : l'enfant a été sauvé grâce au chien.

gemäß : conformément à

> Ex : *sie reformieren die EU-Institutionen gemäß dem Vertrag von Lissabon.*

● LES PRÉPOSITIONS MIXTES

Il s'agit des prépositions spatiales suivies tantôt de l'accusatif, tantôt du datif, suivant qu'il y a un mouvement ou pas. L'allemand fait en effet la différence entre le lieu où l'on est (locatif), le plus souvent traduit par une préposition suivie du datif, et le lieu où l'on va (directionnel), marqué dans la plupart des cas par une préposition suivie de l'accusatif. Là où les choses se corsent, c'est qu'il peut aussi y avoir du directionnel avec du datif (voir aussi p. 28-31), ce qui occasionne alors de nombreuses confusions. Avec un peu de rigueur et beaucoup de par cœur, tout devrait rentrer dans l'ordre !

an : à, sur

> Ex : *ich hänge den Mantel an den Hacken* : je suspends le manteau au crochet.
> Ex : *der Mantel hängt am Hacken* : le manteau est suspendu au crochet.

auf : sur

> Ex : *die Frau stellt die Vase auf den Tisch* : la dame pose le vase sur la table.
> Ex : *die Vase steht auf dem Tisch* : le vase est sur la table.

hinter : derrière (ne pas confondre avec l'adverbe de lieu *hinten* : derrière, qui se suffit à lui-même)

> Ex : *das Kind steckt das Spielzeug hinter den Schrank* : l'enfant met le jouet derrière l'armoire.
>
> Ex : *das Spielzeug steckt hinter dem Schrank* : le jouet est derrière l'armoire.

in : dans

> Ex : *fahr schnell in die Schule!* : dépêche-toi d'aller à l'école !
>
> Ex : *ich bleibe den ganzen Tag in der Schule* : je reste à l'école toute la journée.

neben : à côté de

> Ex : *die Mutter legt das Baby neben sein Plüschtier* : la mère couche le bébé à côté de sa peluche.
>
> Ex : *das Baby liegt neben seinem Plüschtier* : le bébé est allongé à côté de sa peluche.

über : au-dessus de

> Ex : *er hängt das Gemälde über ein anderes Gemälde* : il accroche le tableau au-dessus d'un autre tableau.
>
> Ex : *das Gemälde hängt über einem anderen Gemälde* : le tableau est accroché au-dessus d'un autre tableau.

unter :

- sous (ne pas confondre avec l'adverbe *unten* : en bas)

> Ex : *er schiebt den Staub unter die Kommode* : il repousse la poussière sous la commode.
>
> Ex : *unter der Kommode ist es staubig* : il y a de la poussière sous la commode.

- parmi

> Ex : *er bringt das Evangelium unter die Leute* : il apporte l'Evangile parmi les gens.
>
> Ex : *unter den bekanntesten Pariser Sehenswürdigkeiten sind der Eiffelturm und der Louvre* : parmi les monuments parisiens les plus connus, il y a la Tour Eiffel et le Louvre.

vor : devant

> Ex : *ich lege das Buch vor sie* : je dépose le livre devant elle.
> Ex : *das Buch liegt vor ihr* : le livre est devant elle.

zwischen : entre

> Ex : *er setzt sich zwischen seine Kommilitonen* : il s'assoit entre ses camarades.
> Ex : *er sitzt zwischen seinen Kommilitonen* : il est assis entre ses camarades.

Remarque :

Notez que les verbes *landen in / auf* (atterrir à / sur), *ab/steigen in* (descendre dans), *an/kommen in* (arriver à / dans), *ein/treffen in* (arriver à / dans), *verschwinden* et *sich verstecken*, qui induisent pourtant un déplacement, se construisent avec le datif.

> Ex : *er steigt in dem teuersten Hotel der Stadt ab* : il descend dans l'hôtel le plus cher de la ville.

● LES PRÉPOSITIONS SUIVIES DU GÉNITIF

Peu connues, elles doivent être sues au même titre que les autres. Voici les plus importantes :

anlässlich : à l'occasion de

> Ex : *anlässlich des Jahrestags der Befreiung von Paris wird ein Ball organisiert* : un bal est organisé à l'occasion de l'anniversaire de la libération de Paris.

außerhalb : en dehors de

> Ex : *ich wohne außerhalb der Zone* : j'habite à l'extérieur de la zone.

diesseits : de ce côté-ci

> Ex : *diesseits des Rheins sind wir in Straßburg* : de ce côté-ci du Rhin, nous sommes à Strasbourg.

infolge : à la suite de

> Ex : *infolge der Finanzkrise haben die Banken Maßnahmen getroffen* : à la suite de la crise financière, les banques ont pris des mesures.

innerhalb : à l'intérieur de

> Ex : *innerhalb der Stadt war alles ruhig* : à l'intérieur de la ville, tout était calme.

jenseits : de l'autre côté, au-delà de

> Ex : *die französische Schauspielerin Sylvie Testud spielte im Film « Jenseits der Stille »* : l'actrice française Sylvie Testud a joué dans le film « Au-delà du silence ».

trotz : en dépit de, malgré

> Ex : *sie ist trotz des schlechten Wetters spazieren gegangen* : elle est allée se promener malgré le mauvais temps.

während : pendant

> Ex : *während meines Aufenthaltes in Berlin habe ich tolle Leute kennen gelernt* : pendant mon séjour à Berlin, j'ai rencontré des gens formidables.

wegen : à cause de

> Ex : *wegen der Krise mussten viele Firmen Konkurs melden* : à cause de la crise, de nombreuses entreprises ont dû déposer le bilan.

● LE LOCATIF ET LE DIRECTIONNEL

Les fautes récurrentes sur les compléments de lieu sont souvent le résultat de l'ignorance ou de l'approximation. Une fois que l'on a compris le principe de la différence entre l'endroit où l'on va (directionnel) et l'endroit où l'on est (locatif), il suffit de connaître la préposition et le cas. Pour certains endroits, la préposition ne s'invente pas ou ne se déduit pas, elle s'apprend.

A. Les incontournables de la grammaire allemande

➡ **ville/pays**

- directionnel : *nach* + dat.

  Ex : *ich fahre nach Italien, nach Rom.*

- locatif : *in* + acc.

  Ex : *ich verbringe meine Ferien in Italien, in Rom.*

Remarque :

La plupart des noms de pays n'ont pas d'article. On dit : *Frankreich, Deutschland, Spanien.*

Seuls quelques pays possèdent un article. On utilisera donc *in* + acc. quand on y va (directionnel), et *in* + dat. quand on y est (locatif).

die BRD / die DDR : la RFA / la RDA
die Schweiz : la Suisse
die Türkei : la Turquie
die Slowakei : la Slovaquie
die Ukraine : l'Ukraine
die Niederlande : les Pays-Bas
die USA : les USA
die Vereinigten Staaten : les Etats-Unis
die EU : l'UE
die UdSSR / die Sowjetunion : l'URSS / l'Union soviétique
et des régions françaises : *das Elsass* : l'Alsace, *die Normandie, die Bretagne, das Baskenland...*

➡ **lieux de loisirs, magasins, écoles...**

- directionnel : *in* + acc.

  Ex : *ich gehe ins Kino, ins Theater, in die Kneipe, ins Museum, in den Supermarkt, in die Schule...*

- locatif : *in* + dat.

  Ex : *ich bin im Kino, im Theater, in der Kneipe, im Museum, im Supermarkt, in der Schule...*

Mais on dira :

> *Ich fahre zur Universität.*
> *Ich bin an der Universität.*

➡ au bord d'une étendue d'eau (rivière, lac, mer, océan)

- directionnel : *an* + acc.

    Ex : *sie fahren an den Rhein, an einen See, an die Nordsee, an das Mittelmeer, an den Atlantik...*

- locatif : *an* + dat.

    Ex : *wir sind am Rhein, an einem See, an der Nordsee, am Mittelmeer, am Atlantik...*

Remarques :

🪶 *der See* : le lac (*der Bodensee* : le lac de Constance) ≠ *die See* : la mer (*die Ostsee* : la Baltique) 🪶

Si vous avez un doute sur la préposition concernant une étendue d'eau, pensez que la préposition *in* induit une immersion. Et l'on va rarement passer ses vacances au fond de la Méditerranée.

Ex : *ich bade im Meer* mais *Köln liegt am Rhein.*

➡ à la campagne / sur une île

- directionnel : *auf* + acc.

    Ex : *wir fahren auf das Land und unsere Nachbarn fahren auf Korsika.*

- locatif : *auf* + dat.

    Ex : *wir halten uns auf dem Land auf, während unsere Nachbarn sich auf Korsika sonnen.*

Remarque :

Auf sera utilisé pour les petites îles qui ne sont pas considérées comme indépendantes comme *Korsika* (la Corse), *Sardinien* (la Sardaigne), *die Balearischen Inseln* (les îles Baléares) et la si populaire *Mallorca*

(Majorque), *die Kanarischen Inseln* (les îles Canaries)... Pour les îles-pays, on utilise *in* : *in Irland, in Island, in Großbritannien, in Australien, in Neuseeland*...).

▪ à la montagne

- directionnel : *in* + acc.

    Ex : *wir fahren in die Berge, ins Gebirge, in die Alpen, ins Zentralmassiv, in die Dolomiten...*

- locatif : *in* + dat.

    Ex : *wir sind in den Bergen, im Gebirge, in den Alpen, im Zentralmassiv, in den Dolomiten...*

▪ chez des gens

- directionnel : *zu* + dat. (il y a certes un mouvement, mais *zu* régit automatiquement le datif)

    Ex : *Mathias geht zu seiner Großmutter und dann zu seiner Freundin Charis.*

- locatif : *bei* + dat.

    Ex : *bei meinen Eltern isst man am besten.*

▪ chez soi

- directionnel : *nach Hause gehen*
- locatif : *zu Hause sein*

● LES PRÉPOSITIONS DANS LES COMPLÉMENTS DE TEMPS

Comme dans le cas des compléments de lieu, les prépositions introduisant un complément de temps ne s'inventent pas. Elles sont très utilisées, d'où l'intérêt d'éliminer les erreurs le plus souvent liées à un apprentissage un peu léger...

in / im

- saisons, mois (+ dat.)

  Ex : *im Winter, im Frühling, im Sommer, im Herbst, im Januar, im Februar...*

- années, siècles (+ dat.)

  Ex : *im Jahre 1989* (également possible : *1989*), *im 20. Jahrhundert, in den 80er (achtziger) Jahren.*

  ✍ Éliminez définitivement *in 1989* ou *im 1989*, qui n'existent pas en allemand ✍

- moment, période à venir (+ dat.)

  Ex : *in zwei Tagen, in vier Monaten, in zehn Jahren...*

an / am

- moments de la journée (+ dat.)

  Ex : *am Morgen / Vormittag, am Mittag, am Nachmittag, am Abend...*

- moments de la semaine (+ dat.)

  Ex : *am Montag, am Wochenende...*

- dates (+ dat.)

  Ex : *er hat am 2. Mai Geburtstag, am 9. November 1989...*

um

- expression de l'heure

  Ex : *um drei Uhr, um halb sechs, um diese Uhrzeit...*

von ... bis

- expression d'un laps de temps, d'une durée (+ dat.)

  Ex : *von Juli bis Anfang September haben die französischen Schüler Urlaub.*

A. Les incontournables de la grammaire allemande

- ***vor***

    - expression de l'antériorité : « avant » + GN au datif

      Ex : *vor dem Essen wäscht man sich die Hände.*

    - expression de « il y a » au sens temporel (+ dat.)

      Ex : *wir haben vor genau einem Jahr geheiratet.*

- ***zu***

    - fêtes (souvent religieuses)

      Ex : *zu Allerheiligen* (à la Toussaint), *zu Weihnachten* (à Noël), *zu Ostern* (à Pâques), *zu Pfingsten* (à la Pentecôte)

    On trouve cependant aussi : *an Allerheiligen, an Weihnachten, an Ostern...* (le plus souvent dans le sud de l'Allemagne).

LES VERBES, NOMS ET ADJECTIFS À PRÉPOSITION

Cette partie de la syntaxe allemande est de plus en plus souvent inconnue des étudiants, certainement parce qu'elle nécessite d'apprendre des listes de mots par cœur. Les verbes, adjectifs et noms à préposition sont pourtant vitaux dans la langue courante et vous ne pouvez pas en faire l'économie. Nous vous indiquons ici les plus courants, ceux que vous rencontrerez forcément dans la presse et que vous serez tôt ou tard amené(e) à utiliser à l'écrit comme à l'oral.

- **les verbes à préposition**

    Apprenez en même temps que le verbe le nom qui en est dérivé et qui régit souvent la même préposition.

    - ***an* + accusatif**

    denken (a – a) an : penser à (*der Gedanke an* : la pensée en)
    (sich) erinnern an : se souvenir de, rappeler le souvenir de (*die Erinnerung an* : le souvenir de)
    sich gewöhnen an : s'habituer à
    glauben an : croire en (*der Glaube an* : la foi, la croyance en)

grenzen an : confiner à
sich richten / wenden an : s'adresser à, se tourner vers

- **an + datif**

    ändern an : changer à
    arbeiten an : travailler à (*die Arbeit an* : le travail à)
    sich beteiligen an : participer, prendre part à (*die Beteiligung an* : la participation à)
    erkennen (a – a) an : reconnaître à
    fehlen / mangeln an : manquer de (*das Fehlen an / der Mangel an* : le manque de)
    sich fest/halten (ie – a) an : s'accrocher, se cramponner à
    hängen (i – a) an : tenir à
    hindern an : empêcher de
    leiden (i – i) an : souffrir de (maladie)
    liegen (a – e) an : tenir à, être dû à
    sich orientieren an : s'orienter à
    sich rächen an : se venger de
    scheitern an : échouer à cause de
    sterben (a – o) an : mourir de (maladie)
    teil/haben / teil/nehmen (a – o) an : participer à (*die Teilhabe an / die Teilnahme an* : la participation à)
    zweifeln an : douter de (*der Zweifel an* : le doute sur)

- **auf + accusatif**

    achten / auf/passen auf : prendre garde à, faire attention à
    an/kommen (a – o) auf : dépendre de
    an/spielen auf : faire allusion à (*die Anspielung auf* : l'allusion à)
    antworten auf : répondre à (*die Antwort auf* : la réponse à)
    sich aus/wirken auf : avoir des répercussions sur (*die Auswirkung auf* : la répercussion sur)
    sich beschränken auf : se limiter à
    sich beziehen (o – o) auf : se rapporter à
    sich einigen auf : s'entendre sur (*die Einigung auf* : l'entente, l'accord sur)
    sich freuen auf : se réjouir (d'avance) à l'idée de (*die Freude auf* : la joie à l'idée de)

hin/weisen (ie – ie) auf : indiquer, faire référence à (*der Hinweis auf* : la référence à)
hoffen auf : espérer en (*die Hoffnung auf* : l'espoir en)
reagieren auf : réagir à (*die Reaktion auf* : la réaction à)
stoßen (ie – o) auf : se heurter à, tomber par hasard sur
sich verlassen (ie – a) auf : faire confiance à
verzichten auf : renoncer à (*der Verzicht auf* : le renoncement à)
warten auf : attendre (*das Warten auf* : l'attente de)
ab/zielen auf : viser
zurück/kommen (a - o) auf : revenir à

- ***auf* + datif**

    beharren / bestehen (a – a) auf : ne pas démordre de
    beruhen auf : reposer sur

- ***aus* + datif**

    aus/schließen (o – o) aus : exclure de (*der Ausschluss aus* : l'exclusion de)
    bestehen (a – a) aus : se composer de
    sich ergeben (a – e) aus : résulter de
    entstehen (a – a) aus : naître de
    folgern / schließen (o – o) aus : conclure de
    stammen aus : provenir de
    sich zusammen/setzen aus : se composer de

- ***für* + accusatif**

    sich bedanken für / danken für : remercier de
    sich begeistern für : s'enthousiasmer pour (*die Begeisterung für* : l'enthousiasme pour)
    belohnen für : récompenser de (*die Belohnung für* : la récompense pour)
    sich ein/setzen / sich engagieren für : s'engager pour (*der Einsatz für / das Engagement für* : l'engagement en faveur de)
    sich entscheiden (ie – ie) für : se décider pour (*die Entscheidung für* : la décision de)
    halten (ie – a) für : tenir pour
    sich interessieren für : s'intéresser à (*das Interesse für* : l'intérêt pour)

schwärmen für : s'enthousiasmer pour, raffoler de
sorgen für : prendre soin de

- **gegen + accusatif**

  kämpfen gegen : combattre contre (*der Kampf gegen* : la lutte contre)
  verstoßen (ie – o) gegen : enfreindre (*der Verstoß gegen* : l'infraction à)

- **in + accusatif**

  ein/greifen (i – i) in : intervenir dans (*der Eingriff in* : l'intervention dans)
  sich (ein/)mischen in : se mêler de (*die Einmischung in* : l'intervention dans)
  geraten (ie – a) in : tomber dans, se mettre dans (un état, une situation)
  teilen in : partager, diviser en (*die Teilung in* : le partage en)
  übersetzen in : traduire en (*die Übersetzung in* : la traduction en)
  sich verlieben in : tomber amoureux de
  (sich) verwandeln in : (se) transformer en (*die Verwandlung in* : la métamorphose en)

- **in + datif**

  sich aus/kennen (a – a) in : s'y connaître en
  bestehen (a – a) in : consister en

- **mit + datif**

  sich ab/finden (a – u) mit : s'accommoder de
  an/fangen (i – a) / beginnen (a – o) mit : commencer par
  auf/hören mit : arrêter de
  aus/rüsten / aus/statten mit : équiper de
  beauftragen mit : charger de (mission)
  sich befassen / sich beschäftigen mit : s'occuper de (*die Beschäftigung mit* : l'occupation)
  sich begnügen mit : se contenter de
  drohen mit : menacer de
  enden mit : finir par
  rechnen mit : compter avec

sich streiten (i – i) mit : se disputer avec (*der Streit mit* : la dispute avec)
vergleichen (i – i) mit : comparer avec (*der Vergleich mit* : la comparaison avec)
versorgen mit : approvisionner en (*die Versorgung mit* : le ravitaillement en)
zögern mit : hésiter à

- **nach + datif**

    sich erkundigen nach : s'informer de
    forschen / suchen nach : chercher (*die Suche nach* : la recherche de)
    fragen nach : s'enquérir sur / de (*die Frage nach* : la question sur)
    greifen (i – i) nach : se saisir de
    schmecken nach : avoir le goût de (*der Geschmack nach* : le goût de)
    sich sehnen nach : avoir la nostalgie de (*die Sehnsucht nach* : la nostalgie de)
    streben nach : aspirer à (*das Streben nach* : l'aspiration à)
    verlangen / fordern nach : exiger (*das Verlangen nach / die Forderung nach* : la revendication)

- **über + accusatif**

    sich ärgern / sich auf/regen über : se fâcher, s'irriter contre
    sich beklagen / sich beschweren über : se plaindre de (*die Klage über / die Beschwerde über* : la plainte)
    berichten über : relater, rapporter (*der Bericht über* : le rapport sur)
    diskutieren über : discuter de (*die Diskussion über* : la discussion sur)
    sich empören / sich entsetzen über : s'indigner de (*die Empörung über* : l'indignation sur)
    sich freuen über : se réjouir de (*die Freude über* : la joie de)
    herrschen über : régner sur (*die Herrschaft über* : le règne sur)
    sich informieren über : s'informer sur (*die Information über* : l'information sur)
    nach/denken (a – a) über : réfléchir à
    spotten über : se moquer de
    sprechen (a – o) über : parler en spécialiste de
    staunen über : s'étonner de
    verfügen über : disposer de

sich verständigen über : se mettre d'accord sur (*die Verständigung über* : l'accord sur)
sich wundern über : s'étonner de (*die Verwunderung über* : la surprise à propos de)

- **um + accusatif**

    sich bemühen um : se donner de la peine pour (*die Bemühung um* : les efforts pour)
    beneiden um : envier
    sich bewerben (a – o) um : poser sa candidature à (*die Bewerbung um* : la candidature à)
    bitten (a – e) um : demander (*die Bitte um* : la demande pour obtenir)
    gehen (i – a) um : s'agir de
    sich handeln um : s'agir de
    kämpfen um : se battre pour obtenir
    sich kümmern um : s'occuper de
    sich Sorgen machen um : se faire du souci pour

- **unter + datif**

    leiden (i – i) unter : souffrir de (froid, faim, soif)

- **von + datif**

    ab/hängen (i – a) von : dépendre de (*die Abhängigkeit von* : la dépendance par rapport à)
    ab/lenken / ab/bringen (a – a) von : détourner de
    ab/raten (ie – a) von : déconseiller de
    aus/gehen (i – a) von : partir du principe
    denken (a – a) / halten (ie – a) von : penser de
    hören von : avoir des nouvelles de, entendre parler de
    erzählen von : raconter
    fordern / verlangen von : exiger de
    (aus)/leihen (ie – ie) von : emprunter à
    sprechen (a – o) von : parler de
    träumen von : rêver de (*der Traum von* : le rêve de)
    überzeugen von : convaincre de
    sich verabschieden von : prendre congé de (*der Abschied von* : l'adieu à)

A. Les incontournables de la grammaire allemande

- **vor + datif**

    bewahren vor : préserver de (*die Bewahrung vor* : la préservation de)
    fliehen (o – o) / flüchten vor : fuir devant (*die Flucht vor* : la fuite)
    sich fürchten vor : avoir peur de (*die Furcht vor* : la crainte de)
    schützen vor : protéger contre (*der Schutz vor* : la protection contre)
    sterben (a – o) vor : mourir de (faim, froid, soif)
    verteidigen vor : défendre contre (*die Verteidigung vor* : la défense contre)
    warnen vor : mettre en garde contre (*die Warnung vor* : la mise en garde contre)

- **zu + datif**

    auf/fordern zu : inviter à (*die Aufforderung zu* : l'invitation à)
    auf/rufen (ie – u) zu : appeler à (*der Aufruf zu* : l'appel à)
    bei/tragen (u – a) zu : contribuer à (*der Beitrag zu* : la contribution à)
    bewegen (o – o) / bringen (a – a) zu : pousser, amener, inciter à
    dienen zu : servir à
    ein/laden (u – a) zu : inviter à (*die Einladung zu* : l'invitation à)
    ermutigen zu : encourager à (*die Ermutigung zu* : l'encouragement à)
    ernennen (a – a) zu : nommer à (*die Ernennung zu* : la nomination à)
    führen zu : mener, conduire à
    gehören zu : faire partie de
    gratulieren zu : féliciter à l'occasion de
    passen / stehen (a – a) zu : aller avec, convenir à
    treiben (ie – ie) zu : pousser, inciter à
    verpflichten zu : obliger, engager à (*die Verpflichtung zu* : l'engagement à)
    verurteilen zu : condamner à (*die Verurteilung zu* : la condamnation à)
    wählen zu : élire (*die Wahl zu* : l'élection au poste de)
    zählen zu : compter parmi
    zwingen (a – u) zu : contraindre à (*der Zwang zu* : l'obligation de)

➡ les adjectifs à préposition

Comme pour les verbes, nous indiquons quand c'est possible le substantif qui régit la même préposition.

- ***an* + datif**

    arm an : pauvre en (*die Armut an* : la pauvreté en)
    reich an : riche en (*der Reichtum an* : la richesse en)
    interessiert an : intéressé par (*das Interesse an* : l'intérêt pour)
    krank an : malade de
    schuld an : coupable de (*die Schuld an* : la responsabilité de)

- ***auf* + accusatif**

    angewiesen auf : tributaire de
    aufmerksam auf : attentif à (*die Aufmerksamkeit auf* : l'attention sur)
    böse auf : fâché contre
    eifersüchtig auf : jaloux de (*die Eifersucht auf* : la jalousie envers)
    gespannt auf : curieux de
    neidisch auf : envieux de (*der Neid auf* : l'envie envers)
    neugierig auf : curieux de (*die Neugier auf* : la curiosité envers)
    stolz auf : fier de (*der Stolz auf* : la fierté envers)
    wütend / zornig auf : furieux, en colère contre (*die Wut auf / der Zorn auf* : la colère contre)

- ***für* + accusatif**

    begabt für : doué pour (*die Begabung für* : le don pour)
    charakteristisch für : caractéristique de
    dankbar für : reconnaissant pour (*die Dankbarkeit für* : la reconnaissance pour)
    symbolisch für : symbolique de (*das Symbol für* : le symbole de)
    typisch für : typique de
    verantwortlich für : responsable de (*die Verantwortung für* : la responsabilité de)

- ***gegen* + accusatif**

    empfindlich gegen : sensible à (*die Empfindlichkeit gegen* : la sensibilité envers)

gleichgültig gegen : indifférent à (*die Gleichgültigkeit gegen* : l'indifférence envers)
misstrauisch gegen : méfiant envers (*das Misstrauen gegen* : la méfiance envers)

- **mit + datif**

  einverstanden mit : d'accord avec
  fertig mit : (en avoir) fini avec
  vertraut mit : familier de (*die Vertrautheit* : la familiarité avec)
  verwandt mit : parent de, apparenté à (*die Verwandschaft mit* : la parenté avec)
  zufrieden mit : satisfait de (*die Zufriedenheit mit* : la satisfaction de)

- **nach + datif**

  durstig / hungrig nach : avoir soif / faim de (*der Durst nach / der Hunger nach* : la soif / la faim de)
  sehnsüchtig nach : nostalgique de (*die Sehnsucht nach* : la nostalgie de)

- **über + accusatif**

  begeistert über : enthousiaste à propos de
  einig über : d'accord sur (*die Einigkeit über* : l'entente à propos de)
  entsetzt über : épouvanté de (*die Entsetzung über* : l'épouvante à propos de)
  enttäuscht über : déçu de (*die Enttäuschung über* : la déception à propos de)
  erstaunt / verwundert über : surpris de (*die Verwunderung über* : la surprise à propos de)
  froh über : content de (*die Freude über* : la joie de)
  glücklich über : content de
  traurig über : triste de

- **von + datif**

  abhängig von : dépendant de
  fern / weit weg von : éloigné de
  müde von : fatigué de
  überzeugt von : persuadé, convaincu de

- ***zu* + datif**

    bereit zu : prêt à (*die Bereitschaft zu* : le fait d'être prêt à)
    entschlossen zu : déterminé à (*die Entschlossenheit zu* : la détermination à)
    fähig zu : capable de (*die Fähigkeit zu* : la capacité à)
    freundlich / nett zu : gentil, aimable avec

▶ les noms suivis d'une préposition

Sont indiqués ici les noms suivis d'une préposition non signalés dans les paragraphes précédents.

- ***auf* + accusatif**

    der Anspruch auf : la prétention à
    die Aussicht auf : la perspective de
    die Rücksicht auf : l'égard à, l'attention par rapport à
    das Recht auf : le droit de

- ***an* + datif**

    die Kritik an : la critique à propos de
    der Vorteil / der Nachteil an : l'avantage / l'inconvénient de

- ***für* + accusatif**

    der Beweis für : la preuve de
    der Grund für : la raison de
    die Vorliebe für : la préférence pour

- ***gegen* + accusatif**

    der Hass gegen : la haine contre

- ***mit* + datif**

    das Mitleid mit : la pitié à l'égard de

- ***vor* + datif**

    die Achtung vor / der Respekt vor : le respect pour
    die Angst vor : la peur de

- **_zu_ + datif**

    die Beziehung zu : la relation à
    die Einstellung zu : la position par rapport à
    die Liebe zu : l'amour pour
    die Lust zu : l'envie de
    das Verhältnis zu : la relation à, le rapport à
    das Vertrauen zu : la confiance en
    der Zugang zu : l'accès à

B. LES FAUTES DE GRAMMAIRE RÉCURRENTES À BANNIR

INFINITIF OU PARTICIPE PASSÉ ?

L'emploi de l'infinitif et du participe passé n'est pas toujours très assuré et donne lieu à de nombreuses confusions. Souvent, c'est une grammaire française défaillante (type : « j'ai manger ») qui entraîne la faute en allemand. Inversement, on trouve un participe passé quand il aurait fallu un infinitif.

Ces confusions sont généralement le résultat d'un grand flou artistique en matière de connaissances grammaticales. Nous ne saurions trop insister sur l'importance d'avoir les idées claires sur la syntaxe.

➡ **usages de l'infinitif**

- **au futur**

    Le futur nécessite l'emploi de l'auxiliaire *werden* conjugué au présent (voir annexe p. 166 pour la conjugaison des auxiliaires), pendant que le verbe que l'on souhaite mettre au futur reste à l'infinitif et est en dernière position.
    Ex : *eines Tages wird der Mensch auf Mars gehen.*

- **avec la forme de substitution du subjonctif 2**

    Le subjonctif 2 s'emploie pour exprimer une condition, un souhait ou un regret, ou pour rendre le discours indirect. Il correspond au conditionnel français.
    Une des modalités de la formation du subjonctif 2 est l'emploi de l'auxiliaire *werden* conjugué au subjonctif 2 (voir annexe p. 166 pour la conjugaison des auxiliaires) et accompagné du verbe à l'infinitif en dernière position.
    Ex : *wenn ich genug Geld hätte, würde ich mir neue Möbel kaufen.*

- **avec les verbes de modalité et les verbes *lassen*, *sehen*, *hören***

Le verbe conjugué est ici le verbe de modalité, le verbe *lassen* ou le verbe de perception, le second verbe à l'infinitif est en dernière position.

Ex : *Sie dürfen hier nicht rauchen.*
Ex : *die Mutter lässt das Kind spielen.*
Ex : *ich höre dich kommen.*

✒ Les verbes de modalités sont incompatibles avec *zu*. ✒

- **le double infinitif**

Le double infinitif est utilisé principalement au parfait. Dans ce cas, seul l'auxiliaire est conjugué, tandis que le second verbe et le modal sont laissés à l'infinitif et rejetés en dernière position.

Ex : *ich habe das Examen nicht schreiben können, weil ich krank war.*

Le même principe s'applique aux verbes *lassen, sehen, hören*.

- **dans le groupe infinitif**

L'infinitif français souvent introduit par les prépositions « à » ou « de » se traduit en allemand par un infinitif précédé de *zu*, le tout rejeté en dernière position.

Ex : *er versucht zu fliehen.*
Ex : *ich freue mich, nächste Woche nach Berlin zu fahren.*
Ex : *es fängt an zu regnen.*

Remarques :

- attention à la construction de la phrase avec les verbes à préposition.

    Ex : *er träumt <u>davon</u>, ein Haus zu kaufen* : il rêve d'acheter une maison.

- Ne pas associer systématiquement *zu* + infinitif à l'expression du but *um... zu* + infinitif.

    Ex : *er hat keine Zeit, sich um seine Kinder zu kümmern* : il n'a pas le temps de s'occuper de ses enfants.

Ex : *er kommt früher nach Hause, um sich um die Kinder zu kümmern* : il rentre plus tôt chez lui pour s'occuper des enfants.

▶ emplois du participe passé

- **dans les phrases au parfait**

    Le parfait correspond au passé composé français et se construit de la même manière.

    Ex : nous <u>avons mangé</u> au restaurant puis nous <u>avons dansé</u>.

    <u>Formation</u> : Auxiliaire « être » ou « avoir » conjugué suivi d'un participe passé.

    La seule différence en allemand est la place du participe passé, qui sera rejeté en fin de phrase.

    Ex : *wir <u>haben</u> im Restaurant <u>gegessen</u> und <u>haben</u> dann <u>getanzt</u>*.

    Pour la formation du participe passé, voir p. 47.

- **dans les phrases au passif**

    Rappel de grammaire française :
    - Voix active : le chat mange la souris
    - Voix passive : la souris est mangée par le chat

    Formation : Sujet + « être » conjugué + participe passé + complément d'agent.

    En allemand, c'est, à peu de choses près, le même principe.

    Formation : Sujet + *werden* conjugué + complément d'agent + participe passé rejeté en dernière position.

    Ex : *die Maus wird von der Katze gefressen.*

    On peut conjuguer *werden* au présent, au prétérit, au parfait, au plus-que-parfait et au futur pour faire du passif présent, prétérit, parfait, plus-que-parfait et futur (voir p. 166).

    Le <u>complément d'agent</u> est introduit par :
    - *von* + datif lorsque le complément d'agent est animé (personne, animal)

B. Les fautes de grammaire récurrentes à bannir

Ex : *das Kind wird von seiner Großmutter erzogen* : l'enfant est élevé par sa grand-mère.

- *durch* + accusatif lorsque le complément d'agent est inanimé (chose, évènement).

Ex : *im Februar 1945 wurde Dresden durch britische und amerikanische Bomben zerstört* : en février 1945, Dresde fut détruite par des bombes britanniques et américaines.

🙰 Attention aux confusions avec l'anglais pour la traduction de « par » ! *By* ne se traduit pas par *bei*, qui veut dire « chez ». 🙰

🙰 Attention à ne pas calquer sur le français en utilisant *sein* à la place de *werden* ! 🙰

▪ **formation du participe passé**

- **verbes réguliers (dits faibles)** : <u>GE + radical du verbe + (E)T</u>

  Ex : *machen* → *gemacht*
  Ex : *arbeiten* → *gearbeitet*

- **verbes irréguliers (dits forts)** : <u>GE- + radical irrégulier (à apprendre) + -EN</u>

  (Voir annexe p 170.)

  Ex : *kommen* → *gekommen*
  Ex : *schreiben* → *geschrieben*

- **verbes à préverbe séparable**

  Si le préverbe est séparable (*ab-, an-, auf-, aus-, bei-, ein-, fort-, her-, hin-, los-, nach-, vor-, weg-, zu-, zurück-, zusammen-*), on intercale *ge-* entre le préverbe et le participe passé.

  Ex : *auf/machen* → *aufgemacht*

- **participe passé sans *ge-***

  Lorsque le verbe commence par un des préverbes inséparables suivants : *zer-, be-, er-, ge-, miss-, ent-, emp-, ver-* (moyen mnémotechnique : Cerbère gémit en enfer)

Ex : *zerbrechen* → *zerbrochen*
Ex : *bekommen* → *bekommen*
Ex : *verstehen* → *verstanden*

Lorsque le verbe commence par un des préverbes inséparables suivants (préverbes séparables ou inséparables suivant le sens du verbe) : *durch-, hinter-, über-, um-, unter-, voll-, wider-, wieder-*

Ex : *übersetzen* → *übersetzt*
Ex : *wiederholen* → *wiederholt*

Dans le cas des verbes dérivés du français et se terminant en *–ieren*.

Ex : *organisieren* → *organisiert*
Ex : *informieren* → *informiert*

LE PRÉTÉRIT ET LE SUBJONCTIF 2 DES AUXILIAIRES ET DES VERBES DE MODALITÉ

La seule différence entre ces deux formes verbales est souvent un *Umlaut*, dont l'emploi est anarchique chez de nombreux étudiants. Pourtant, un petit *Umlaut* suffit à tout changer…

▪ auxiliaires

	prétérit (imparfait ou passé simple)	subjonctif 2 (conditionnel)
sein	*ich war* : j'étais, je fus	*ich wäre* : je serais
haben	*ich hatte* : j'avais, j'eus	*ich hätte* : j'aurais
werden (traduit ici au sens « devenir »)	*ich wurde* : je devenais, je devins	*ich würde werden* : je deviendrais

B. Les fautes de grammaire récurrentes à bannir

▸ verbes de modalité et *wissen*

	prétérit (imparfait ou passé simple)	subjonctif 2 (conditionnel)
können	*ich konnte* : je pouvais / je pus	*ich könnte* : je pourrais
dürfen	*ich durfte* : j'avais / j'eus la permission	*ich dürfte* : j'aurais la permission
müssen	*ich musste* : je devais / je dus	*ich müsste* : je devrais
sollen	*ich sollte* : je devais / je dus	*ich sollte* : je devrais
mögen	*ich mochte* : j'aimais / j'aimai	*ich möchte* : j'aimerais / je voudrais
wollen	*ich wollte* : je voulais / je voulus	*ich wollte* : je voulais *wenn ich es wollte* : si je le voulais
wissen	*ich wusste* : je savais / je sus	*ich wüsste* : je saurais

☞ « Je voudrais » est traduit uniquement par *ich möchte,* pas par *ich wollte.* *Ich wöllte* n'existe pas. ☜

LE PRONOM PERSONNEL ET LE PRONOM RÉFLÉCHI *SICH*

La déclinaison du pronom personnel et du pronom réfléchi est la même, à l'exception de la 3ᵉ personne du singulier (qui reste *sich* à tous les cas pour le pronom réfléchi). La différence réside dans le fait que le pronom personnel à l'accusatif ou au datif renvoie à une personne différente du sujet de la phrase, tandis que le pronom réfléchi et le sujet renvoient à la même personne.

> Ex : *sie wäscht sie* : elle la lave, *sie lässt ihr Zeit* : elle lui laisse du temps.
>
> Ex : *sie wäscht sich* : elle se lave, *sie lässt sich Zeit* : elle se laisse du temps.

LES PRONOMS PERSONNELS DATIF PLURIEL *IHNEN* ET *IHNEN* ET LES ADJECTIFS POSSESSIFS À L'ACCUSATIF *IHREN* ET *IHREN*

Une seule lettre différencie ces mots, d'où de nombreuses confusions. Pourtant, ils ont des significations bien différentes.

Ex : *er schickt <u>ihnen</u> eine Einladung zu seiner Hochzeit* : il <u>leur</u> envoie une invitation à son mariage : pronom personnel datif, 3e personne du pluriel.

≠ *sie hat <u>ihren</u> Nachbarn zu ihrer Hochzeit eingeladen* : elle a invité <u>son</u> voisin à son mariage : adjectif possessif, 3e personne du singulier, féminin, à l'accusatif.

Ex : *ich gebe <u>Ihnen</u> mein Wort* : je <u>vous</u> donne ma parole : pronom personnel datif, vouvoiement / formule de politesse.

≠ *Sie geben dem Pförtner <u>Ihren</u> Schlüssel* : vous donnez <u>votre</u> clé au portier : adjectif possessif à l'accusatif, formule de politesse.

LA NÉGATION : *NICHT* ET *KEIN*

▶ *nicht*

On distingue :

- **la négation globale (négation de l'ensemble de la phrase)**

  Place de *nicht* : devant les attributs, devant les compléments introduits par une préposition et après les compléments sans préposition.

  Ex : *« ich bin nicht dick », sagt Obélix.*
  Ex : *Karin ist nicht zu Hause.*
  Ex : *ich komme heute Abend nicht.*

- **la négation partielle (négation d'un élément de la phrase)**

  Place de *nicht* : devant l'élément qu'il nie. On rectifie souvent par *sondern*.

  Ex : *ich komme nicht heute Abend, sondern morgen Abend* : je ne viens pas ce soir, mais demain soir.
  Ex : *nicht Max ist krank, sondern sein Bruder* : ce n'est pas Max qui est malade, mais son frère.

B. Les fautes de grammaire récurrentes à bannir

▸ *kein*

Kein sert à nier :

- **un nom précédé d'un article indéfini**

    Ex : *hast du einen Hund ? – Nein, ich habe keinen Hund.*

    On ne peut pas dire *ich habe nicht einen Hund.*

- **un nom sans article**

    Ex : *hast du Geld ? – Nein, ich habe kein Geld.*

✎ *Kein* est l'équivalent allemand du « pas de » français. Il ne faut pas oublier de le décliner ! ✎

LA TRADUCTION DE LA PROVENANCE : *AUS* OU *VON* ?

▸ *aus*

Aus (« de ») marque la sortie de quelque chose, la provenance, l'origine.

Ex : *er kommt aus dem Laden.*
Ex : *ich komme aus Frankreich* : je viens de France (je suis Français(e)).
Ex : *dieses Gemälde stammt aus dem 17. Jahrhundert* : cette peinture date du 17ᵉ siècle.

▸ *von*

Von (« de ») marque également la provenance, mais à la différence de *aus*, *von* indique que l'on rentre ou que l'on revient de quelque part, sans en être forcément originaire.

Ex : *ich komme von Frankreich zurück* : je reviens de France (je suis de retour d'un voyage en France) ≠ je suis Français.

LA TRADUCTION DE « QUAND » : *WANN, WENN* OU *ALS* ?

▶ *wann*

Wann est un *W-Wort* qui s'utilise uniquement dans les questions et dans les interrogatives indirectes.

Ex : *wann kommst du ?*
Ex : *er fragt mich, wann ich komme.*
Ex : *ich weiß nicht, wann der Zug in Berlin ankommt.*

▶ *wenn*

Wenn au sens temporel est une conjonction de subordination introduisant une subordonnée de temps.

- dans les subordonnées de temps au présent ou au futur, *wenn* est la seule conjonction possible.

   Ex : *wenn wir ins Gebirge fahren, fahren wir über Lyon* : quand nous allons à la montagne, nous passons par Lyon.

- au passé, on a le choix entre *wenn* et *als*. *Wenn* induit une répétition dans le temps, on peut le remplacer en français par « chaque fois que », « toutes les fois que ».

   Ex : *wenn ich krank war, kochte mir meine Mutter eine heiße Milch mit Honig* : quand j'étais malade (à chaque fois que j'étais malade), ma mère me faisait un lait chaud au miel.

▶ *als*

Als est une conjonction de subordination introduisant une subordonnée de temps au passé. A la différence de *wenn*, elle renvoie à un évènement unique dans le temps et complètement révolu. On peut éventuellement remplacer par l'expression française « la fois où » quand on hésite entre *wenn* et *als*.

   Ex : *als ich 10 wurde, schenkten mir meine Eltern ein knallrotes Fahrrad.* (A priori, on n'a pas tous les jours 10 ans).

Ex : *als ich klein war, war ich oft krank.* (Certes, l'enfance est une longue période, mais elle est complètement révolue).

LA TRADUCTION DE « AVANT » ET « AVANT DE » : *VOR*, *VORHER* OU *BEVOR* ?

➡ *vor*

Vor est une préposition suivie d'un GN au datif.

Ex : *vor dem Examen sind die Studenten gestresst* : avant l'examen, les étudiants sont stressés.

➡ *vorher, zuvor*

Vorher et *zuvor* sont des adverbes de temps.

Ex : *der Film hat schon angefangen aber ich will vorher noch Popcorn kaufen* : le film a déjà commencé, mais avant, je veux acheter du pop-corn.

➡ *bevor*

Bevor est une conjonction de subordination introduisant une subordonnée de temps avec un verbe conjugué (à l'indicatif, contrairement au français) en dernière position. En français, on traduit par « avant de » + infinitif (impossible en allemand) ou « avant que » + subjonctif.

Ex : *bevor er starb, schrieb er ein neues Testament* : avant de mourir, il rédigea un nouveau testament.

LA TRADUCTION DE « APRÈS » ET « APRÈS QUE » : *NACH*, *DANACH* OU *NACHDEM* ?

➡ *nach*

Nach est une préposition suivie d'un GN au datif.

Ex : *nach dem Herbst kommt der Winter* : après l'automne vient l'hiver.

▸ **nachher / danach**

Nachher et *danach* sont des adverbes de temps.

Ex : *er arbeitet bis um 17 Uhr. Danach trifft er sich mit seinen Freunden in der Kneipe* : il travaille jusqu'à 17 heures. Il retrouve ensuite ses amis au café.

▸ **nachdem**

Nachdem est une conjonction de subordination introduisant une subordonnée de temps avec un verbe conjugué en dernière position. En français, on traduit par « après » + infinitif (impossible en allemand) ou « après que ».

Ex : *nachdem er seine Doktorarbeit verteidigt hat, bekommt er den Doktortitel* : après avoir défendu sa thèse, il reçoit le titre de docteur.

Attention à la concordance des temps ! Le verbe de la subordonnée doit suggérer une antériorité par rapport au verbe de la principale.

LA TRADUCTION DE « SI » : *OB* OU *WENN* ?

La confusion entre ces deux conjonctions de subordination vient de ce qu'en français, elles veulent toutes les deux dire « si ». Leur emploi est pourtant très différent.

▸ **ob**

Ob est utilisé dans les interrogatives indirectes, souvent en relation avec des verbes comme *(sich) fragen, nicht wissen...* Il traduit un doute, un questionnement, une incertitude.

Ex : *ich frage mich, ob es sich wirklich lohnt* : je me demande si ça vaut vraiment le coup.

- **wenn**

    Wenn (à ne pas confondre avec le *wenn* temporel) introduit une subordonnée de condition, à l'indicatif, mais le plus souvent au subjonctif 2.

    Ex : *wenn er in zehn Minuten immer noch nicht da ist, gehe ich weg* : s'il n'est toujours pas là dans dix minutes, je m'en vais.

    Ex : *wenn das Wetter schöner wäre, könnten wir grillen* : si le temps était meilleur, nous pourrions faire un barbecue.

LA TRADUCTION DE « QUE » : *DASS* OU PRONOM RELATIF ?

Rappel de grammaire française :

Trop souvent, la conjonction *dass* est employée en lieu et place d'un pronom relatif objet sous prétexte que le français dit « que », un « que » qui a pourtant des fonctions différentes :

   Ex : je pense que la crise est loin d'être terminée : « que » est une conjonction introduisant une subordonnée complétive.
   Ex : le manteau que je me suis acheté m'a coûté une fortune : « que » est un pronom relatif objet qui se rapporte à l'antécédent (manteau) et qui introduit une subordonnée relative.

- **dass**

    Dass est utilisé avec des verbes de déclaration ou d'opinion tels que *sagen, denken, finden, der Meinung sein, meinen...*

    Ex : *ich glaube nicht, dass die Krise vorbei ist* : je ne pense pas que la crise soit finie.

- **pronom relatif**

    Il faut regarder le genre (masculin, féminin, neutre) et le nombre (singulier, pluriel) de l'antécédent et observer la fonction du pronom relatif dans la subordonnée.

Ex : *das Haus, das sie gerade erworben haben, kostet ein Vermögen* : la maison qu'ils viennent d'acquérir coûte une fortune.

Le pronom relatif *das* est au neutre car l'antécédent *das Haus* est neutre, et à l'accusatif car le pronom est COD dans la subordonnée.

Ex : *der Schüler, dem der Lehrer gratuliert, ist sehr fleißig* : l'élève que le professeur félicite est très sérieux.

Le pronom relatif *dem* est masculin car l'antécédent *der Schüler* l'est. Il est ici au datif car *gratulieren* régit le datif.

LA TRADUCTION DE « POUR » ET « POUR QUE » : *FÜR, UM … ZU* OU *DAMIT* ?

▪ *für*

Für est une préposition toujours suivie de l'accusatif et précédant un GN.

Ex : *dieses Kleid ist für meine Schwester.*

✎ *Für* ne peut pas être utilisé avec un verbe à l'infinitif pour exprimer le but. ✎

▪ l'expression du but avec *um … zu* + infinitif

Um … zu + infinitif traduit le but. On utilise *um … zu* + infinitif lorsque le sujet de la principale et celui de la subordonnée de but sont identiques. En français, on traduira par « pour + infinitif ».

Ex : *sie braucht Mehl, Eier und Zucker, um einen Kuchen zu backen* : elle a besoin de farine, d'œufs et de sucre pour faire un gâteau.

▪ l'expression du but avec *damit* + verbe conjugué

Damit introduit une subordonnée de but avec verbe conjugué en dernière position. A la différence de la subordonnée de but en *um … zu* + infinitif, le sujet de la principale et celui (implicite) de la subordonnée sont différents. En français, on traduira par « pour que », « afin que », suivis d'un verbe conjugué.

Ex : *die Eltern bringen viele Opfer, damit ihre Kinder studieren können* : les parents font de gros sacrifices pour que leurs enfants puissent faire des études.

Remarquez que le français utilise ici le subjonctif tandis que l'allemand emploie l'indicatif.

LA TRADUCTION DE « COMME » : *DA*, *ALS* OU *WIE* ?

da

Da est une conjonction de subordination introduisant une subordonnée de cause, le plus souvent placée en tête de phrase. Ne pas oublier d'enchaîner avec le verbe de la principale !

Ex : *da er bei der Fahrprüfung durchgefallen ist, muss er sie wieder machen* : comme il a raté son permis de conduire, il doit le repasser.

👁 Ne pas penser au *as* anglais, qui conduit à traduire « comme » par *als* ! *Als* n'exprime pas la cause. ✍

als

Als a plusieurs emplois :

- **au comparatif de supériorité : « que »**

  Rappel : la formation du comparatif de supériorité : <u>Adjectif + -ER + ALS</u>

  Ex : *er ist kleiner als ich.*

  La longueur de l'adjectif n'entre pas en ligne de compte comme en anglais.

  Ex : *Kant finde ich interessanter als Fichte* et non *Kant finde ich mehr interessant als Fichte*.

  Notez que la voyelle de certains adjectifs s'infléchit au comparatif de supériorité.

alt (vieux) → *älter* / *jung* (jeune) → *jünger*
arm (pauvre) → *ärmer*
kalt (froid) → *kälter* / *warm* (chaud) → *wärmer*
groß (grand) → *größer*
grob (grossier) → *gröber*
nah (proche) → *näher*
schwach (faible) → *schwächer* / *stark* (fort, puissant) → *stärker*
dumm (bête) → *dümmer* / *klug* (intelligent) → *klüger*
lang (long) → *länger* / *kurz* (court) → *kürzer*
hart (dur) → *härter*
scharf (fort, épicé) → *schärfer*

Des lettres disparaissent chez certains adjectifs.

hoch (haut, élevé) → *höher*
teuer (cher) → *teurer*
dunkel (sombre) → *dunkler*

Notez que certains adjectifs changent complètement au comparatif de supériorité :

bald (tôt) → *eher* (plus tôt, plutôt)
gern (volontiers) → *lieber* (de préférence)
gut (bon, bien) → *besser* (meilleur)
viel (beaucoup) → *mehr* (plus)

- **« en tant que », « comme »**

    Ex : *als Politiker hat er viele Verantwortungen* : en tant qu'homme politique, il a de nombreuses responsabilités.

- ***als (ob)* + subjonctif : « comme si »**

    Als (ob) accompagné du subjonctif 1, plus souvent du subjonctif 2 signifie « comme si ». Il s'utilise dans des expressions telles *tun, als ob* (faire semblant de), *aus/sehen, als ob* (avoir l'air de). On peut enlever le *ob* et le remplacer par le verbe conjugué.

    Ex : *er tut, als ob er krank wäre / er tut, als wäre er krank* : il fait comme s'il était malade / il fait semblant d'être malade.

wie

- **« comme » dans une comparaison simple**

    Ex : *er hat mich wie eine Prinzessin behandelt* : il m'a traitée comme une princesse.

- **« comme » conjonction de manière ou de comparaison**

    Il correspond à l'expression « comme » + verbe conjugué.

    Ex : *wie du siehst, ist diese Insel ein kleines Paradies* : comme tu le vois, cette île est un petit paradis.

    Ex : *er verhält sich, wie ein Prinz sich verhalten soll* : il se comporte comme un prince doit se comporter.

- **« que » au comparatif d'égalité ou d'infériorité**

    Rappel : la formation du comparatif d'égalité ou d'infériorité

    Egalité : <u>SO + adjectif + WIE</u>
    Infériorité : <u>NICHT SO + adjectif + WIE</u>

    Ex : *er ist so intelligent wie sein Bruder* : il est aussi intelligent que son frère.

    Ex : *er ist nicht so groß wie sein Vater* : il n'est pas aussi grand (il est moins grand) que son père.

LA TRADUCTION DE « POUVOIR » : *KÖNNEN* OU *DÜRFEN* ?

können

Können (« pouvoir ») désigne une capacité, physique ou intellectuelle.

> Ex : *ich kann nicht aufstehen, ich bin noch zu schwach* : je ne peux pas me lever, je suis encore trop faible (= je n'ai pas la capacité physique à le faire eu égard à mon état).

dürfen

Dürfen (« pouvoir ») sous-entend une permission, une autorisation de faire quelque chose.

Ex : *ich darf nicht aufstehen, die Ärzte haben es mir verboten* : je n'ai pas le droit de me lever, les médecins me l'ont interdit.

La traduction de « devoir » : *MÜSSEN* OU *SOLLEN* ?

▶ müssen

Ce verbe signifie « devoir » au sens d'une obligation, d'une absence de choix, d'une nécessité. En français, on traduit souvent par « il faut que ». On peut adjoindre l'adverbe *unbedingt* (« absolument ») pour renforcer l'idée de nécessité.

> Ex : *Sie müssen (unbedingt) 30 Minuten vor der geplanten Abflugzeit am Flughafen sein* : vous devez (absolument) être / il faut (absolument) que vous soyez à l'aéroport 30 minutes avant l'heure prévue du départ.

🖉 Pour traduire une interdiction, le français utilise « devoir ». 🖉

> Ex : on ne doit pas fumer au restaurant.

🖉 L'allemand n'utilisera pas *müssen*, mais *nicht dürfen* + infinitif. 🖉

> Ex : *im Restaurant darf nicht geraucht werden*.

▶ sollen

Ce verbe signifie également « devoir ». Il induit une dimension morale qui n'est pas contenue dans *müssen* (interdit religieux, par exemple).

> Ex : *du sollst nicht töten* : tu ne tueras point.
> Ex : *ich sollte nicht hier sein* : je ne devrais pas être ici.

Il exprime également un ordre ou une volonté dictés par une tierce personne.

> Ex : *er soll sofort zu mir kommen* : qu'il vienne me voir immédiatement (sous-entendu : « dites-lui que », « je veux que »).
> Ex : *mein Vater sagt, ich soll vorsichtiger fahren* : mon père dit qu'il faut que je conduise plus prudemment.

B. Les fautes de grammaire récurrentes à bannir

LE CHOIX DE L'AUXILIAIRE AU PARFAIT : *SEIN* OU *HABEN* ?

- *sein*

    On utilise l'auxiliaire *sein* pour le parfait des :
    - **verbes de mouvement, de déplacement**

        Ex : *fahren (u – a)* (aller), *fliegen (o – o)* (voler), *fliehen (o – o)* (fuir), *gehen (i – a)* (aller à pied), *kommen (a – o)* (venir), *laufen (ie – a)* (courir, marcher), *reisen* (voyager)...

    - **verbes de changement d'état**

        Ex : *brennen (a – a)* (brûler), *erschrecken (a – o)* (prendre peur), *frieren (o – o)* (geler), *schmelzen (o – o)* (fondre)...

    - **verbes *sein, bleiben, werden, passieren, geschehen***

        Ex : *ich bin gewesen, ich bin geblieben, ich bin geworden, es ist passiert, es ist geschehen.*

- *haben*

    On utilise l'auxiliaire *haben* pour le parfait des :
    - **verbes transitifs**

        Les verbes suivis d'un complément à l'accusatif ou au datif prennent l'auxiliaire *haben*.

        Ex : *ich habe einen Brief geschrieben und er hat mir geholfen.*

        ✎ Des verbes de mouvement intransitifs peuvent être transitifs dans certains cas et prendre alors l'auxiliaire *haben*. ✎

        Ex : *ich bin nach London gefahren* (je suis allé à Londres) mais *ich habe schon einen Mercedes gefahren* (j'ai déjà conduit une Mercedes).

    - **verbes réfléchis**

        Tous les verbes réfléchis allemands forment leur parfait avec l'auxiliaire *haben*. Ne pas se laisser induire en erreur par le français, où l'on utilise l'auxiliaire « être » !

Ex : *ich habe mich gefragt* (je me suis demandé), *er hat sich gewaschen* (il s'est lavé), *wir haben uns getroffen* (nous nous sommes rencontrés)...

C. Quelques règles basiques de la graphie allemande

On apprend normalement dans le secondaire que contrairement au français, l'allemand écrit les noms communs avec une majuscule. Pourtant, plus d'un étudiant semble encore ignorer cette règle. Il n'est peut-être pas non plus inutile de rappeler quelques fondamentaux de l'orthographe allemande, car certains sont moins évidents.

LES MAJUSCULES

➡ noms propres, noms communs, éléments substantivés

En allemand, les noms propres, les noms communs et les éléments substantivés prennent une majuscule.

Ex : *Angela Merkel, Juan Carlos von Spanien...*
Ex : *der Hund, der Wagen, das Haus...*
Ex : *der Verletzte* (adjectif substantivé)...
Ex : *die Zwei* : le (chiffre) deux...
Ex : *das Kommen und Gehen* (verbe substantivé) : les allées et venues...

➡ adjectifs

- Les adjectifs dérivés de noms de villes ou de pays s'écrivent avec une majuscule :

    Ex : *das Brandenburger Tor, der Pariser Platz, die Hamburger Straße...*

- Les adjectifs dans les noms propres et les titres prennent également une majuscule :

    Ex : *der Kalte Krieg* (la guerre froide), *Ludwig der Vierzehnte* (Louis XIV), *das Tote Meer* (la Mer Morte)...

- Les adjectifs après *etwas, nichts, alles* commencent par une majuscule, sauf *ander-* :

Ex : *etwas Modernes* (quelque chose de moderne), *im Westen nichts Neues* (à l'Ouest rien de nouveau), *alles Gute* (tous mes vœux) mais *etwas anderes* (quelque chose d'autre), *nichts anderes* (rien d'autre), *alles andere* (tout le reste).

Ne pas oublier de décliner l'adjectif quand il le faut :

Ex : *kann man wirklich seine Gäste mit etwas Neuem überraschen?* : peut-on vraiment surprendre ses invités avec quelque chose de nouveau ?

- **les pronoms personnels et adjectifs possessifs dans les lettres**

C'est une habitude qui tend toutefois à se perdre.

Ex : *lieber Sebastian, ich habe mich über Deinen Brief sehr gefreut und schreibe Dir jetzt schnell zurück...*

LE RÔLE DE LA VIRGULE

En allemand, la virgule n'a pas le rôle stylistique qu'elle joue en français. Quand le français sépare consciencieusement les compléments circonstanciels de lieu ou de temps en tête de phrase du reste de la proposition, l'allemand n'opère pas de séparation par la poncuation.

Ex : après la coupe du monde de football de 1998, les Français étaient euphoriques : *Nach der Fussballweltmeisterschaft von 1998 waren die Franzosen euphorisch.*

La virgule joue essentiellement un rôle grammatical dans la phrase allemande. Elle sert à séparer la principale de la subordonnée et se place <u>devant</u> la conjonction de subordination ou le pronom relatif.

Ex : *ich finde nicht, dass du zugenommen hast* : je ne trouve pas que tu as grossi.

Avec le groupe infinitif, on se passe de virgule lorsque le groupe infinitif se limite à *zu* + infinitif. La virgule reste de mise lorsque le groupe infinitif est plus long.

Ex : *es fängt an zu schneien.*
Ex : *es hat mich sehr gefreut, dich und deine Famille wiederzusehen.*

Lorsqu'il y a plusieurs adjectifs épithètes dans un même groupe nominal, on peut mettre une virgule pour les séparer, ils sont alors juxtaposés. En français on traduit cette virgule par « et ». Quand il n'y a pas de virgule, la signification de la phrase est sensiblement différente :

> Ex : *sie hat lange, blonde Haare* : elle a les cheveux longs et blonds.
> Ex : *sie hat lange blonde Haare* : elle a de longs cheveux blonds.

La virgule est enfin utilisée dans l'apposition, comme en français.

> Ex : *Konrad Adenauer, Kanzler von 1949 bis 1963, war der erste Kanzler der Bundesrepublik Deutschland.*

SS OU *β* ?

➤ emploi de *ss*

On écrit *ss* après une voyelle brève.

> Ex : *Elsass, Fluss, dass, lassen, muss, Prozess, Wasser...*

➤ emploi de *β*

On utilise *β* lorsque la voyelle qui le précède est longue (par exemple *ie*) ou consiste en une diphtongue (par exemple *ei* ou *au*).

> Ex : *außerhalb, beißen, Fuß, gießen, fleißig, groß, heißen, Maßnahme, Straße, süß, weiß...*

L'AJOUT OU L'ÉLISION DU *-E*

Avec certains verbes, il faut intercaler un *-e* entre le radical qui se termine en *-d*, *-t* ou en *-m* ou *-n* précédés d'une consonne et la terminaison (à la deuxième personne du singulier et du pluriel et à la troisième personne du singulier).

> Ex : *du arbeitest, er findet, ihr badet*
> Ex : *er atmet*

Certains verbes ou adjectifs perdent un *-e* lorsqu'on les conjugue (verbes) ou qu'on les décline (adjectifs).

- **verbes en −*eln***

    Ex : *lächeln* (sourire) → *ich lächle*
    Ex : *handeln* (agir) → *ich handle*
    Ex : *zweifeln* (douter) → *ich zweifle*

- **adjectifs en −*el* ou −*er***

    Ex : *dunkel* (sombre) → *ein dunkles Kleid*
    Ex : *teuer* (cher) → *eine teure Jacke*

2. ÉVITER LES CONFUSIONS CLASSIQUES

2. Éviter les confusions classiques

A. LES ANGLICISMES INTERDITS

La liste ci-dessous condense les principaux anglicismes susceptibles d'être commis par l'étudiant dont l'allemand n'est pas la seule langue étrangère. Langues cousines, l'anglais et l'allemand ont certes des racines communes, mais les faux-amis sont assez nombreux.

- ***also ≠ also***

    also anglais = aussi
    also allemand = donc
    aussi = *auch*

- ***as ≠ als***

    as anglais :
    - comme (subordonnée de cause)
    - en tant que, comme (« en qualité de »)

    als allemand :
    - quand (au sens temporel et au passé, voir p. 52)
    - en tant que, comme (au sens « qualité de », voir p. 57-58)

    comme (au sens « dans la mesure où ») : *da* (introduisant une subordonnée de cause)

- ***by ≠ bei***

    by anglais = par (dans les phrases au passif pour introduire le complément d'agent)
    bei allemand = chez
    par (introduisant le complément d'agent) = *durch* + accusatif ou *von* + datif (voir p. 46-47)

A. Les anglicismes interdits

▰ ***fast ≠ fast***

fast anglais = rapide
fast allemand = presque
rapide = *schnell*

▰ ***important = wichtig***

Important n'existe pas en allemand. Il est traduit par *wichtig*.

▰ ***of ≠ auf***

of anglais = de
auf = sur
de = *von*

▰ ***often = oft***

souvent en anglais = *often*
souvent en allemand = *oft*

▰ ***to become ≠ bekommen***

to become = devenir
bekommen = recevoir
devenir = *werden*

▰ ***to show ≠ schauen***

to show = montrer
schauen = regarder, voir (*gucken* ou *sehen*)
montrer = *zeigen*

▰ ***to spend ≠ spenden***

to spend = passer du temps (*verbringen (a – a)*), dépenser (*aus/geben (a – e)*)
spenden = donner dans le sens de faire un don (argent, sang...)

2. Éviter les confusions classiques

➡ ***there is ≠ es ist***

there is : il y a
es ist : c'est
il y a : *es gibt* (+ acc.)

➡ ***this is why / that is why = deswegen / deshalb / darum***

L'expression anglaise et son équivalent français « c'est pourquoi » sont souvent traduits littéralement en allemand par *das ist warum*, qui n'existe pas. Il faut utiliser *deswegen* (ou *darum*) souvent placé en tête de phrase et immédiatement suivi par le verbe.

➡ ***who ≠ wo***

who anglais = qui (interrogatif)
wo = où (interrogatif, locatif)
qui = *wer*

➡ ***when ≠ wenn***

when = quand (interrogatif)
wenn = quand (conjonction de subordination dans une subordonnée de temps, et non interrogatif)

    Ex : *wann kommt er?* : quand vient-il ?
    Ex : *wenn er kommt, bringt er immer Wein mit* : quand il vient, il apporte toujours du vin.

B. LES CONFUSIONS RITUELLES À ÉLIMINER

En langue, il suffit parfois de changer une lettre pour que le sens du mot change complètement. D'autres mots ont des traductions très proches. Apprenez à être précis et rigoureux, fuyez l'approximation, cela vous évitera bien des confusions qui finissent par coûter cher !

LA TRADUCTION DE « MAIS » : *ABER* OU *SONDERN* ?

- *aber*

    Aber est une conjonction de coordination opposant deux éléments.

    Ex : *er lernt nicht, aber er hat gute Noten.*

- *sondern*

    Sondern veut également dire « mais ». Il s'emploie dans la négation partielle, pour rectifier le *nicht*. *Nicht…, sondern* traduit « ne (non) … pas, mais… ».

    Ex : *nicht er wurde getötet, sondern die Leute, mit denen er zusammengestoßen war* : ce n'est pas lui qui a été tué, mais les gens avec qui il est entré en collision.

    Une variante de *nicht… sondern* est *nicht nur…, sondern auch* : « non seulement…, mais aussi ».

LA TRADUCTION DE « ENFIN » : *ENDLICH* OU *SCHLIEβLICH* ?

- *endlich*

    Endlich est un adverbe signifiant « enfin » dans le sens d'un certain soulagement, au terme d'une longue attente. On ne peut donc pas l'employer dans une argumentation au sens de « finalement », « pour finir ».

Ex : *nach einem langen und kalten Winter steigen endlich die Temperaturen.*

▶ schließlich

Schließlich est un adverbe signifiant « finalement », « pour finir » et marquant une conclusion, le terme d'un processus. C'est le mot à utiliser pour traduire « enfin » ou « finalement » à la fin d'une énumération ou d'une argumentation.

Ex : *man kann schließlich sagen, dass diese Krise die Kluft zwischen Reichen und Armen verschärft hat* : on peut finalement dire que cette crise a accru le fossé entre riches et pauvres.

LA TRADUCTION DE « SEULEMENT » : *ERST* OU *NUR* ?

▶ erst

Erst est un adverbe signifiant « seulement », « ne... que » au sens d'une restriction temporelle.

Ex : *es ist erst 22 Uhr, du kannst noch ein bisschen bleiben* : il n'est que 22 heures, tu peux rester encore un peu.

Ex : *morgen kann ich erst um 9 Uhr kommen* : demain je ne peux venir qu'à 9 heures (sous entendu je ne peux pas avant).

Erst peut avoir une valeur quantitative mais indiquant une restriction provisoire.

Ex : *die Bundesregierung hat erst 4% des Konjunkturpakets ausgegeben* : le gouvernement fédéral n'a dépensé (pour l'instant) que 4 % du paquet conjoncturel.

▶ nur

Nur signifie également « seulement » mais marque une restriction quantitative définitive. Cette restriction vaut aussi pour une quantité de temps.

B. Les confusions rituelles à éliminer

Ex : *ich habe nur zwei Euro* : je n'ai que deux euros.

Ex : *ich bleibe nur eine Woche* : je ne reste qu'une semaine (pas plus).

LA TRADUCTION DE « ASSEZ » : *GENUG* OU *ZIEMLICH* ?

genug

Genug est un adverbe signifiant « assez » au sens de « suffisamment ».

Ex : *er hat nicht genug zu essen* : il n'a pas suffisamment à manger.

ziemlich

Ziemlich est un adverbe signifiant « assez » au sens de « relativement ».

Ex : *er ist ziemlich groß* : il est assez grand.

LA TRADUCTION DE « BEAUCOUP » : *SEHR* OU *VIEL* ?

sehr

Sehr est un adverbe signifiant « très » ou « beaucoup » lorsqu'il est employé avec un verbe de sentiment. Il suggère une intensité.

Ex : *ich liebe dich sehr*.

viel

Viel signifie également « beaucoup », mais à la différence de *sehr*, il renvoie à une idée de quantité.

Ex : *ich reise viel*.

On peut moduler *viel* en rajoutant *sehr* ou *zu* devant.

Ex : *ich reise sehr viel* : je voyage énormément.

Ex : *ich reise zu viel* : je voyage trop.

La traduction de « diminuer » et « augmenter » : *sinken* ou *senken* ? *steigen* ou *steigern* ?

- *sinken (a – u)*

  Sinken signifie « baisser », « diminuer », c'est un verbe intransitif, qui ne régit aucun complément.

  Ex : *die Zahl der Arbeitslosen ist gesunken* : le nombre de chômeurs a diminué.

  Notez les synonymes *ab/nehmen (a – o), zurück/gehen (i – a)*.

- *senken*

  Senken signifie « faire baisser », « faire diminuer », « réduire ». C'est un verbe faible transitif, c'est-à-dire qu'il est suivi d'un COD.

  Ex : *die Regierung hat die Zahl der Arbeitslosen gesenkt* : le gouvernement a fait diminuer le nombre de chômeurs.

  Notez le synonyme *reduzieren*.

  C'est la même chose avec les verbes *steigen* et *steigern*.

- *steigen (ie – ie)*

  Steigen est intransitif et signifie « monter », « augmenter ».

  Ex : *Wegen des Klimawandels steigt der Meeresspiegel* : à cause du réchauffement climatique, le niveau de la mer monte.

  Notez le synonyme *zu/nehmen (a – o)*.

- *steigern*

  Steigern est un verbe faible transitif signifiant « faire monter », « faire augmenter ».

  Ex : *Rauchen steigert das Krebsrisiko* : fumer augmente le risque d'avoir un cancer.

  Notez le synonyme *erhöhen*.

B. Les confusions rituelles à éliminer

ALLES ET ALLE

- *alles*

Alles signifie « tout ». Il est suivi d'un verbe conjugué au singulier. On le trouve aussi souvent dans l'expression *alles, was* (« tout ce que »).

Ex : *alles wurde in zwei Stunden ausverkauft* : tout a été vendu en deux heures.

- *alle*

Alle est l'équivalent de « tous », « tout le monde ». Le verbe sera conjugué au pluriel.

Ex : *alle sind gekommen* : ils sont tous venus.

✎ Si vous mémorisez mieux avec des moyens mnémotechniques, retenez que « tous » avec un –s correspond au *alle* sans –s. ✎

BIETEN ET BITTEN

- *bieten (o – o)*

Ce verbe signifie « proposer », « offrir ». Retenez surtout *an/bieten* : « proposer », qui donne *das Angebot* : « l'offre ».

Ex : *ich biete dir meine Hilfe an* : je te propose mon aide.

- *bitten (a – e)*

Il correspond au français « prier de », « demander ». Pensez à *Bitte*, « s'il vous plaît », pour ne plus confondre avec *bieten*.

Ex : *ich bitte dich um Hilfe* : je te demande de l'aide.

DENN ET DANN

▶ denn

Denn est une conjonction de coordination signifiant « car ». Attention, elle est hors construction dans la phrase. Ne mettez pas le verbe en dernière position en pensant à *weil* !

> Ex : *die junge Mutter ist müde denn das Baby beansprucht sie sehr* : la jeune mère est fatiguée car le bébé la sollicite beaucoup.

▶ dann

Dann est un adverbe signifiant « après », « ensuite ».

> Ex : *der Journalist berichtet zuerst über die Situation, dann analysiert er sie.*

EINIG-, EINZIG ET EIGEN

▶ einig /einige

Einig est un adjectif signifiant « unanime ».

> Ex : *sie sind sich darüber einig, dass die Situation ernst ist* : ils sont d'accord / unanimes sur le fait que la situation est grave.

Einige est un pronom signifiant « quelques uns », « quelques unes » ou un adjectif de quantité signifiant « quelques ». Attention, il est suivi d'une déclinaison forte.

> Ex : *einige sind gekommen* : quelques uns sont venus.
>
> Ex : *einige junge Randalierer haben Fensterscheiben eingeschlagen* : quelques jeunes casseurs ont défoncé des vitrines.

B. Les confusions rituelles à éliminer

- ***einzig***

    Einzig est un adjectif signifiant « seul », « unique ».

    > Ex : *es war die einzige Wohnung, an der ich interessiert war* : c'était le seul appartement qui m'intéressait.

- ***eigen***

    Eigen est un adjectif signifiant « personnel », « propre », « à soi ».

    > Ex : *sie wurde von ihren eigenen Kindern betrogen* : elle a été trompée par ses propres enfants.

ERKLÄREN ET ERZÄHLEN

Dans *erklären*, vous distinguez *klar* (« clair »). *Erklären* signifie en effet « expliquer », rendre les choses plus claires. En revanche, *erzählen* veut dire « raconter ». Pensez à *der Erzähler* : le narrateur.

FORDERN ET FÖRDERN

- ***fordern***

    Fordern signifie « exiger ». Il est synonyme de *verlangen*.

    > Ex : *die Gewerkschaften fordern eine Gehaltserhöhung um 3%* : les syndicats exigent une augmentation de salaire de 3 %.

- ***fördern***

    Fördern signifie « promouvoir », « encourager », « soutenir », « aider ».

    > Ex : *mit Stipendien fördert diese Stiftung mittellose Studenten* : cette fondation aide les étudiants qui n'ont pas de moyens en leur donnant des bourses.

    Fördern veut également dire « extraire » (des matières premières).

    Ne pas confondre *fördern* et *befördern* (« transporter »).

DER JUNGE ET DER JUGENDLICHE

- **der Junge (-n, -n)**

    Der Junge signifie « le petit garçon ».

    Ex : *na, wird es ein Junge oder ein Mädchen?* : alors, ce sera un garçon ou une fille ?

- **der Jugendliche (-n)**

    Der Jugendliche renvoie à la classe d'âge des adolescents ou des « jeunes ».

    Ex : *zu meiner Zeit waren die Jugendlichen nicht so frech zu den Lehrern* : à mon époque, les jeunes étaient moins insolents envers les professeurs.

KENNEN, KÖNNEN ET WISSEN

- **kennen (a – a)**

    Kennen signifie « connaître ».

    Ex : *ich kenne ihn nicht* : je ne le connais pas.

- **können**

    Le verbe de modalité *können* signifie « pouvoir », mais aussi « savoir » au sens « être capable de faire quelque chose ».

    Ex : *ich kann Deutsch* : je sais parler allemand.
    Ex : *ich kann schwimmen* : je sais nager

- **wissen**

    Wissen se conjugue comme un verbe de modalité sans en être un et signifie « savoir ». Il est employé seul ou avec une subordonnée. A la différence de *können*, s'il est employé avec un autre verbe, il faudra

B. Les confusions rituelles à éliminer

mettre un *zu* devant le verbe à l'infinitif, chose impossible avec un verbe de modalité.

Ex : *ich weiß nicht, warum er nicht gekommen ist* : je ne sais pas pourquoi il n'est pas venu.

Ex : *er weiß sich zu verteidigen* : il sait se défendre.

MAN ET MANN

man

Man est un pronom impersonnel signifiant « on ». La conjugaison du verbe est celle de la 3ᵉ personne, mais il ne peut en aucun cas être remplacé par *er*.

🐾 *er* = il ≠ *man* = on 🐾

Rappel : la différence entre *man* et *wir*

En français, « on » est un pronom impersonnel également utilisé comme synonyme du pronom personnel « nous », surtout à l'oral, où l'usage de la première personne du pluriel est rare. Le locuteur peut donc s'inclure dans le « on ».

Ex : ce soir, on mange de la choucroute : ce soir, nous mangeons de la choucroute.

Ex : en Alsace, on mange de la choucroute : « on » est ici impersonnel.

En allemand, *man* est strictement impersonnel et ne peut en aucune façon remplacer *wir*. Si le locuteur s'inclut dans un groupe, il est obligé d'utiliser *wir*. Les phrases où l'on énonce une vérité générale et où le français utilise « on » sont souvent rendues en allemand par un passif impersonnel.

Ex : *heute Abend essen wir Sauerkraut* : ce soir on mange / nous mangeons de la choucroute (le locuteur va aussi manger de la choucroute).

Ex : *im Elsass isst man Sauerkraut* = *im Elsass wird Sauerkraut gegessen* : en Alsace, on mange de la choucroute.

2. Éviter les confusions classiques

- ***der Mann (-¨er)***

Mann est un substantif masculin signifiant « l'homme ». Il ne peut en aucun cas être confondu avec le pronom *man*, même s'il se prononce de la même manière.

> Ex : *der Mann fühlt sich gut hier* : l'homme se sent bien ici.
> Ex : *man fühlt sich gut hier* : on se sent bien ici.

MEISTENS, DIE MEISTEN, AM MEISTEN

- **meistens**

Meistens est un adverbe signifiant « la plupart du temps ».

> Ex : *in Deutschland wird meistens erst gestreikt, wenn die Verhandlungen gescheitert sind* : en Allemagne, la plupart du temps, on ne fait grève que quand les négociations ont échoué.

- ***die meisten***

Die meisten signifie « la plupart de(s) ». Il est suivi ou non d'un substantif.

> Ex : *die meisten Demonstranten trugen Transparente* : la plupart des manifestants portaient des banderoles.

- ***am meisten***

Am meisten est le superlatif de *viel* (« beaucoup ») et signifie « le plus ».

> Ex : *wer streikt am meisten in diesem Land?* : qui fait le plus grève dans ce pays ?

SCHON ET SCHÖN

- **schon**

    Schon est un adverbe signifiant « déjà ».

    Ex : *er ist erst 11 Monate alt und kann schon sprechen.*

- **schön**

    Schön est un adjectif signifiant « beau », « joli ».

    Ex : *du hast ja einen schönen Mantel.*

DIE STADT ET DER STAAT

- **die Stadt (-¨e)**

    Stadt est un nom féminin signifiant « la ville ». Le *a* est bref.

    Ex : *die Stadt Hamburg ist ein Bundesland.*

- **der Staat (-en)**

    Staat est un nom masculin signifiant « l'Etat ». La voyelle double indique que le *a* est long.

    Ex : *Hamburg, Berlin und Bremen sind Stadtstaaten* : Hambourg, Berlin et Brême sont des villes-états / cités-états.

DIE STUNDE ET DIE UHR

- **die Stunde (-n)**

    Eine Stunde = 60 Minuten. Stunde renvoie à une durée de temps.

    Ex : *eine halbe Stunde, anderthalb Stunden* : une demi-heure, une heure et demie.

Ex : *wir sind zwei Stunden geblieben* : nous sommes restés deux heures.

■ *die Uhr*

Uhr renvoie à l'indication de l'heure. On emploie également *die Uhrzeit* dans certaines expressions.

>Ex : *wie viel Uhr ist es ? – Es ist 3 Uhr.*
>Ex : *haben Sie die genaue Uhrzeit ?*

Die Uhr (-en) désigne également l'objet qui mesure le temps : « la montre », « la pendule », « l'horloge ».

>Ex : *zu Weihnachten habe ich eine wunderschöne Uhr bekommen.*

ZAHLEN ET ZÄHLEN

■ *zahlen*

Zahlen ou *bezahlen* signifient « payer ».

>Ex : *können wir bitte (be)zahlen ?* (au café ou au restaurant quand on demande l'addition).

■ *zählen*

Zählen signifie « compter ». « Compter parmi », « faire partie de » se dit *zählen zu* (+ dat.).

>Ex : *der vierjährige Junge kann schon bis hundert zählen* : le petit garçon de quatre ans sait déjà compter jusqu'à cent.

DIE ZAHL, DIE ZIFFER ET DIE NUMMER

■ *die Zahl (-en)*

Die Zahl signifie « le nombre ».

>Ex : *die Zahl der Arbeitslosen ist gestiegen.*

B. Les confusions rituelles à éliminer

➡ *die Ziffer (-n)*

Die Ziffer correspond au français « le chiffre ».

    Ex : *die Zahl 12 besteht aus zwei Ziffern : 1 und 2.*

➡ *die Nummer (-n)*

Die Nummer signifie « le numéro ».

    Ex : *ich bin die Nummer eins auf der Liste* : je suis le premier sur la liste.

3. COMMENTER, ARGUMENTER, STRUCTURER

En cours ou en concours, vous allez être amené à commenter des textes de presse et à en discuter certains aspects. Les pages qui suivent sont destinées à vous fournir les outils de base pour améliorer votre expression écrite et orale. Les adverbes vous permettront de structurer votre discours et de hiérarchiser vos arguments. La liste de verbes et d'expressions utiles vous aidera à enrichir et diversifier votre vocabulaire.

3. Commenter, argumenter, structurer

A. LES ADVERBES ET MOTS DE LIAISON INDISPENSABLES

Les mots suivants servent dans leur grande majorité de mots de liaison. La plupart se mettent en tête de phrase, auquel cas vous n'oublierez pas de mettre le verbe conjugué immédiatement après, sans virgule pour séparer l'adverbe du verbe comme on le fait souvent en français. Evitez toutefois de mettre *nämlich* (en effet) ou *trotzdem* (toutefois) en tête de phrase.

- **énumérer, ajouter**

    zuerst, zunächst : d'abord, tout d'abord
    erstens : premièrement
    zweitens : deuxièmement
    drittens : troisièmement
    dann, danach : ensuite
    außerdem, darüber hinaus : d'autre part, en outre
    dazu : de plus
    auch, ebenfalls : également
    zuletzt : enfin, en dernier lieu

- **énoncer des généralités**

    im Allgemeinen : en général, de manière générale, généralement
    im Großen und Ganzen : en général, en gros
    generell : en général
    in der Regel : en règle générale
    meistens : la plupart du temps

- **opposer**

    trotzdem, dennoch, doch, jedoch : cependant, néanmoins, pourtant, toutefois
    dagegen, hingegen, im Gegenteil : en revanche, par contre

A. Les adverbes et mots de liaison indispensables

▶ établir des corrélations, tirer des conséquences

darum, deshalb, deswegen : c'est pourquoi
aus diesem Grund, aus diesen Gründen : pour cette raison / pour ces raisons
folglich, infolgedessen : en conséquence
also : donc
so, dadurch : ainsi
nämlich : en effet
insofern als : dans la mesure où

▶ moduler, nuancer

einerseits..., andererseits / auf der einen Seite..., auf der anderen Seite... : d'un côté..., de l'autre
zum Glück, glücklicherweise : heureusement
leider : malheureusement
anscheinend : apparemment
wahrscheinlich : vraisemblablement
vielleicht : peut-être
selbstverständlich : évidemment
offensichtlich : manifestement
besonders, insbesondere : en particulier
vor allem : surtout
tatsächlich, in der Tat : effectivement, en fait
einigermassen : dans une certaine mesure
gleichzeitig : en même temps
jedenfalls : en tout cas
dabei : à cette occasion
eigentlich : à vrai dire
hauptsächlich : principalement, essentiellement
wirklich : vraiment
zweifellos : sans aucun doute
äußerst : extrêmement
sogar : même
zwar... aber : certes... mais
allerdings : certes

3. Commenter, argumenter, structurer

▶ **situer dans le temps**

jetzt : maintenant
heutzutage : de nos jours, actuellement
vor kurzem, neulich : récemment
jüngst : dernièrement
früher : autrefois, avant
damals : à l'époque
von Anfang an : dès le début
von nun an : désormais
am Anfang : au début
am Ende : à la fin
kurzfristig : à court terme
langfristig : à long terme
mittlerweile, zwischendurch : entre temps, dans l'intervalle
manchmal : de temps en temps
über kurz oder lang : tôt ou tard, un jour ou l'autre

▶ **résumer**

alles in allem : tout compte fait, somme toute
kurzum : bref
zusammenfassend : en résumé

▶ **conclure**

schließlich : finalement, enfin

🖝 N'utilisez pas *endlich* pour conclure ! 🖝 (voir p. 71)

zum Schluss : en conclusion, pour conclure

B. Verbes et expressions utiles en expression écrite et orale

▶ les verbes indispensables

aborder : *an/sprechen (a – o)*
affirmer : *behaupten*
agir : *handeln*
aggraver : *verschlimmern*
ajouter : *hinzu/fügen*
améliorer : *verbessern*
analyser, étudier : *analysieren, untersuchen*
apparaître, faire son apparition, naître : *ent/stehen (a – a), auf/tauchen*

> Ex : *diese Partei entstand am Ende des 19. Jahrhunderts* : ce parti est apparu à la fin du 19ᵉ siècle.
> Ex : *mit der Finanzkrise sind mehrere Probleme aufgetaucht* : avec la crise financière, de nombreux problèmes sont apparus.

appliquer, mettre en œuvre : *ein/setzen*
(en) appeler à : *appellieren an (+ acc.)*
apprendre, entendre dire que : *erfahren (u – a)*

> Ex : *ich habe erfahren, dass du geheiratet hast* : j'ai appris que tu t'étais marié.

approuver : *zu/stimmen (+ dat.), befürworten*

> Ex : *alle Abgeordneten haben dieser Maßnahme zugestimmt* : tous les députés ont approuvé cette mesure

arriver, se produire : *vor/kommen (a – o)*

> Ex : *es kommt oft vor, dass ich sie mit ihrer Schwester verwechsle* : il arrive souvent que je la confonde avec sa sœur.

assurer : *versichern*

> Ex : *der Vorstandsvorsitzende versicherte, dass keine Arbeitsplätze abgebaut werden würden* : le PDG a assuré qu'aucun emploi ne serait supprimé.

atteindre : *erreichen*

augmenter, monter : *zu/nehmen (a – o), steigen (ie – ie)*

    Ex : *die Preise haben um 5% zugenommen* : les prix ont augmenté de 5 %

    Ex : *die Arbeitslosigkeitsrate ist von 9,8 auf 10% gestiegen* : le taux de chômage est passé de 9,8 à 10 %.

augmenter (au sens de faire augmenter) : *steigern, erhöhen*

    Ex : *die Firma erhöht ihre Preise* : l'entreprise augmente ses tarifs.

avoir affaire à : *zu tun haben mit (+ dat.)*

avoir besoin de : *brauchen (+ acc.)*

Attention : j'ai besoin de toi : *ich brauche dich*, j'ai besoin de te voir : *ich muss dich sehen*

avoir lieu : *statt/finden (a – u)*

avoir l'impression : *den Eindruck haben*

avoir pour conséquence : *zur Folge haben*

baisser, diminuer : *ab/nehmen (a – o), sinken (a – u)* (même principe que pour *zu/nehmen* et *steigen*)

baisser, diminuer (au sens de faire baisser) : *senken*

    Ex : *der Staat senkt die Abgaben* : l'Etat baisse les taxes.

caractériser : *kenn/zeichnen, charakterisieren*

changer : intransitif : *sich ändern, sich verändern*

    Ex : *du hast dich überhaupt nicht verändert* : tu n'as absolument pas changé.

changer : transitif : *etw. (+ acc.) ändern, etw. (+ acc.) verändern*

    Ex : *ich möchte meine Frisur ändern* : j'aimerais changer de coiffure.

combattre : *bekämpfen (+ acc.), kämpfen gegen (+ acc.), entgegen wirken (+ dat.)*

    Ex : *die Politiker versuchen, der Krise entgegenzuwirken* : les hommes politiques tentent de combattre la crise.

comparer : *vergleichen (i – i)*

concéder, reconnaître : *zu/geben (a – e), gestehen (a – a)*

concerner : *betreffen (a – e)*

B. Verbes et expressions utiles en expression écrite et orale

Ex : *was mich betrifft, so denke ich, dass…* : en ce qui me concerne, je pense que…

conduire à, provoquer : *führen zu (+ dat.)*

Ex : *die Krise hat zu einer Zunahme der Arbeitslosigkeitsrate geführt* : la crise a provoqué une augmentation du taux de chômage.

confirmer : *bestätigen*
considérer (comme) : *betrachten (als)*
consister à : *bestehen (a – a) in (+dat.)*

Ex : *das Prinzip des fairen Handels besteht darin, den Produzenten faire Preise und den Konsumenten gute Qualität anzubieten* : le principe du commerce équitable consiste à proposer des prix honnêtes aux producteurs et de la bonne qualité aux consommateurs.

constater : *fest/stellen*
constituer : *bilden*
contester : *bestreiten (i – i)*
contredire : *widersprechen (a – o) (+ dat.)*
contribuer à : *bei/tragen (u – a) zu (+ dat.)*
craindre, redouter : *fürchten, befürchten*

Ex : *es ist zu befürchten, dass die Situation eskaliert* : il est à craindre que la situation dégénère.

critiquer : *kritisieren, Kritik an (+ dat.) üben*
décider : *entscheiden (ie – ie), beschließen (o – o)*
déclencher, provoquer : *aus/lösen, bewirken*

Ex : *die Aussagen des Ministers haben eine große Polemik ausgelöst* : les déclarations du ministre ont déclenché une grosse polémique.

décrire : *beschreiben (ie – ie), schildern*
défendre : *verteidigen*
deviner, pressentir : *ahnen*
discuter de : *besprechen (a – o)*
distinguer, différencier : *unterscheiden (ie – ie)*
donner lieu à : *Anlass geben (a – e) zu (+ dat.)*

3. Commenter, argumenter, structurer

>Ex : *die Rede des Präsidenten gab Anlass zu heftigen Diskussionen* : le discours du président a donné lieu à de violentes discussions.

échouer : *scheitern*

>Ex : *der Versuch, das Öl abzusaugen, ist gescheitert* : la tentative qui consistait à aspirer le pétrole a échoué.

empêcher : *verhindern*
encourager, promouvoir : *fördern*
entrer en vigueur : *in Kraft treten (a – e)*

>Ex : *die Maßnahme tritt am 1. Januar in Kraft* : la mesure entrera en vigueur le 1er janvier.

essayer : *versuchen*
estimer, évaluer : *ein/schätzen*

>Ex : *es ist notwendig, das Lawinenrisiko besser einzuschätzen* : il est nécessaire de mieux évaluer le risque d'avalanche.

être à l'origine / à la base de : *zugrunde liegen (a – e) (+ dat.)*

>Ex : *dem Klimawandel liegen eine Reihe von Phänomenen zugrunde* : une série de phénomènes sont à l'origine du changement climatique.

être confronté à : *auseinandergesetzt sein mit (+ dat.)*
être d'accord avec : *einverstanden sein mit (+ dat.), überein/stimmen mit (+ dat.)*
être dû à, tenir à : *liegen an (+ dat.)*

>Ex : *der Umsatzrückgang liegt an einer sinkenden Nachfrage* : la baisse du chiffre d'affaire tient à une diminution de la demande.

être en jeu : *im Spiel sein*
étudier, examiner : *untersuchen*
éviter : *vermeiden (ie – ie)*
évoquer : *erwähnen*
exiger, revendiquer : *fordern*
expliquer : *erklären*
(s') exprimer : *(sich) aus/drücken, zum Ausdruck bringen (a – a)*

>Ex : *die Gewerkschaften brachten ihre Sorge zum Ausdruck* : les syndicats ont exprimé leur inquiétude.

B. Verbes et expressions utiles en expression écrite et orale

faire allusion à : *an/spielen auf (+ acc.), verweisen (ie – ie) auf (+ acc.)*
illustrer : *illustrieren, veranschaulichen*
imposer : *durch/setzen*

> Ex : *dem Minister ist es gelungen, seine Reform durchzusetzen* : le ministre a réussi à imposer sa réforme.

inciter à, pousser à : *bewegen (o – o) zu (+dat.)*

> Ex : *der Skandal hat ihn dazu bewogen, von seinem Amt zurückzutreten* : le scandale l'a poussé à démissionner de son mandat.

indiquer : *an/geben (a – e)*
influencer : *beeinflussen, Einfluss auf (+ acc.) aus/üben*
inquiéter : *beunruhigen*
justifier : *rechtfertigen*

> Ex : *der Eingriff muss gerechtfertigt sein* : l'intervention doit être justifiée.

menacer : *bedrohen, drohen*
mettre en pratique : *in die Praxis um/setzen*
mettre l'accent sur : *den Akzent auf (+ acc.) legen*
montrer : *zeigen*
obliger à, forcer à : *zwingen (a – u) zu (+ dat.)*

> Ex : *die Konjunktur zwingt uns dazu, andere Absatzmärkte zu erkunden* : la conjoncture nous oblige à explorer d'autres débouchés.

partir du principe : *aus/gehen (i – a) von (+ dat.)*

> Ex : *wir gehen davon aus, dass der Kurs sich erholt* : nous partons du principe que le cours va se rattraper.

permettre : *erlauben, ermöglichen*
plaider (pour) : *plädieren (für + acc.)*
prendre conscience : *sich (+ dat.) bewusst werden, jm (+ dat.) klar werden*

> Ex : *die Bürger sind sich dessen bewusst geworden, dass sie handeln müssen, um die Umwelt zu retten* : les citoyens ont pris conscience qu'ils devaient agir pour sauver l'environnement.

prendre en considération : *in Betracht ziehen (o – o)*
prendre position : *Stellung nehmen (a – o)*
présupposer : *voraus/setzen*
prévenir (de) : *warnen vor (+ dat.)*
promettre : *versprechen (a – o)*
proposer : *vor/schlagen (u – a)*
prouver : *beweisen (ie – ie)*
provoquer : *verursachen, aus/lösen, bewirken*

> Ex : *die heftigen Regenfälle haben große Schäden verursacht* : les violentes précipitations ont provoqué de gros dégâts.

publier : *veröffentlichen*
qualifier de : *bezeichnen als*
réagir à : *reagieren auf (+ acc.)*
réaliser : *verwirklichen*

> Ex : *ich habe meinen Traum verwirklicht* : j'ai réalisé mon rêve.

reconnaître : *erkennen (a – a), zu/geben (a – e)* (au sens de concéder)
refuser : *ab/lehnen*
renvoyer à : *verweisen (ie – ie) auf (+ acc.), hin/weisen (ie – ie) auf (+ acc.)*
remarquer : *bemerken*
remettre en question : *infrage stellen*

> Ex : *nach dem Attentatsversuch wurde die Sicherheit an Flughäfen infrage gestellt* : après la tentative d'attentat, la sécurité dans les aéroports a été remise en question.

remonter à : *zurück/gehen (i – a) auf (+ acc.)*

> Ex : *dieses Problem geht auf den Krieg zurück* : ce problème remonte à la guerre.

renforcer : *verstärken*
représenter : *bilden, dar/stellen*
reprocher : *vor/werfen (a – o)*
réussir : *gelingen (a – u) (+dat.), es schaffen*

> Ex : *es ist mir gelungt, ich habe es geschafft* : j'ai réussi (à ne pas confondre avec *ich habe geschaffen* : j'ai créé)

B. Verbes et expressions utiles en expression écrite et orale

revenir sur / à : *zurück/kommen (a – o) auf (+ acc.)*

> Ex : *ich möchte darauf zurückkommen* : j'y reviendrai (sous-entendu j'en reparlerai).

s'agir de : *sich handeln um (+ acc.), gehen um (+ acc.)*
se composer de : *bestehen aus (+ dat.)*
se déclarer pour / contre : *sich aus/sprechen (a – o) für (+ acc.) / gegen (+ acc.)*
se développer : *sich entwickeln*
s'effondrer : *zusammen/brechen (a – o)*

> Ex : *das Regime brach in wenigen Tagen zusammen* : le régime s'est effondré en quelques jours.

s'étendre : *sich verbreiten, sich aus/breiten*
se plaindre de : *klagen über (+ acc.), sich beschweren über (+ acc.)*
se produire : *sich ereignen*
se répercuter sur : *sich aus/wirken auf (+ acc.), Auswirkungen auf (+ acc.) haben*

> Ex : *die Maßnahme wirkte sich positiv auf die Konjunktur aus* : la mesure a eu des répercussions positives sur la conjoncture.

se révéler : *sich erweisen (ie – ie), sich heraus/stellen*
signifier : *bedeuten*
s'imaginer : *sich (+ dat.) vor/stellen*
souligner : *unterstreichen (i – i), betonen, hervor/heben (o – o)*
soutenir : *unterstützen*
suggérer : *nahe/legen*
supposer : *vermuten, an/nehmen (a – o)*
supprimer, abolir : *ab/schaffen* (verbe faible)

> Ex : *in Frankreich ist die Todesstrafe 1981 abgeschafft worden* : en France, la peine de mort a été supprimée en 1981.

susciter, provoquer : *aus/lösen*
témoigner de : *zeugen von (+ dat.)*
tenir compte de : *berücksichtigen*
traiter : *behandeln*

> Ex : *diese Menschen werden wir Sklawen behandelt* : ces hommes sont traités comme des esclaves.

vérifier : *prüfen*
viser à : *ab/zielen auf (+ acc.)*

▶ **expressions utiles**

fest steht, dass ... / es steht fest, dass... : il est établi que, il est certain que...
klar ist, dass... : il est clair que...
man stellt fast, dass ... : on constate que
man kann hinzufügen, dass... : on peut ajouter que ...
man kann nicht leugnen, dass ... : il est indéniable que...
was mich betrifft, so denke ich, dass... : en ce qui me concerne, je pense que...
meiner Meinung nach (+ verbe conjugué en 2ᵉ position) : à mon avis
🕱 *meiner Meinung nach ist, dass ...* n'existe pas. 🖎
in dieser Hinsicht : à cet égard
dabei, bei dieser Gelegenheit : à cette occasion
unter diesen Bedingungen : dans ces conditions
in diesem Zusammenhang : dans ce contexte
im Vergleich zu (+ dat.) : comparé à
einen Vergleich ziehen (o – o) : faire une comparaison
eine Parallele ziehen (o – o) : établir un parallèle
im Verhältnis zu (+ dat.) : par rapport à
in Bezug auf (+ acc.) : par rapport à
im Gegenteil von (+ dat.) : au contraire de
im Gegensatz zu (+ dat.) : au contraire de
im Durchschnitt, durchschnittlich : en moyenne
mit einem Wort : bref, en un mot
zum Schluss kann man sagen, dass... : pour conclure, on peut dire que...

C. Méthodologie du commentaire de texte à l'oral

Le plus souvent, il s'agit d'un article de la presse quotidienne ou hebdomadaire à résumer et à commenter. Le texte peut être proposé sous forme d'enregistrement audio (*die Aufnahme* : l'enregistrement).

Avertissement : les formules toutes faites indiquées ci-dessous sont une bonne aide, mais n'en abusez pas ! N'oubliez pas que tout le monde les utilise et que cela peut devenir lassant pour le jury au bout de quelques interrogations. D'autre part, l'utilisation de belles phrases prêtes à l'emploi peut être trop en décalage avec votre niveau de langue. Utilisez donc les formules les plus adaptées à votre manière de vous exprimer et n'oubliez pas qu'une langue spontanée et naturelle est appréciée et qu'il vaut mieux faire un peu plus de fautes (l'idéal est quand même d'en faire le moins possible) que de produire un discours complètement impersonnel.

▶ principaux journaux allemands, autrichiens et suisses

Allemagne :

Tageszeitungen : quotidiens	*Wochenzeitungen :* hebdomadaires
die Welt	*die Zeit*
die Frankfurter Allgemeine Zeitung (FAZ)	*der Spiegel*
die Süddeutsche Zeitung	*Stern*
der Tagesspiegel	*Focus*
die Berliner Zeitung	

Autriche :

Tageszeitungen :
die Presse
der Standard
der Kurier

Suisse :

Tageszeitungen :
die Neue Zürcher Zeitung

3. Commenter, argumenter, structurer

▶ **introduire le texte**

Commencez par une phrase d'introduction rappelant de quel journal est issu l'article et à quelle date il est paru :

Es handelt sich um einen Artikel aus der 'Zeit' / aus dem 'Spiegel' vom 13. (dreizehnten) März 2010 : il s'agit d'un article de la *Zeit* / du *Spiegel* du 13 mai 2010.

Der vorliegende Artikel ist der 'Zeit' vom 9. (neunten) Oktober entnommen : cet article est tiré de la *Zeit* du 9 octobre.

Wir haben es hier mit einem Artikel aus... zu tun : nous avons affaire ici à un article de...

Dieser Text ist ein Auszug aus... : cet article est un extrait de... (plutôt s'il s'agit d'un extrait de livre)

Il est très judicieux (et apprécié par le jury) de rappeler le contexte dans lequel est paru l'article, si celui-ci a été écrit à l'occasion d'un évènement particulier (polémique, scandale, conférence, visite ou sommet politique, anniversaire, commémoration, grèves ou manifestations...) :

Dieser Artikel wurde anlässlich des Besuchs der Kanzlerin in Paris verfasst : cet article a été écrit à l'occasion de la visite de la chancelière à Paris. (Attention : *anlässlich* + génitif).

Anlass zu diesem Artikel ist der 20. (zwanzigste) Jahrestag des Falls der Mauer : le motif de cet article est le vingtième anniversaire de la chute du mur.

Annoncez le sujet de l'article :

Es handelt sich um einen Artikel aus der 'Zeit' über die Reform der Armee : il s'agit d'un article de la *Zeit* sur la réforme de l'armée.

Der vorliegende Artikel behandelt das Thema der Globalisierung : cet article traite de la mondialisation.

In diesem Artikel mit dem Titel « ... » geht es um / handelt es sich um den Klimawandel : dans cet article intitulé « ... », il est question du changement climatique.

Das Thema dieses Artikels ist die Krise : le thème de cet article est la crise.

In diesem Artikel haben wir es mit den deutsch-französischen Beziehungen zu tun : dans cet article nous avons affaire aux relations franco-allemandes.

Der Journalist befasst sich hier mit dem Problem der Armut in Deutschland : le journaliste s'occupe ici du problème de la pauvreté en Allemagne.

Der Journalist setzt sich mit dem Thema der Entwicklungshilfe auseinander : le journaliste analyse le thème de l'aide au développement.

- **résumer le texte**

Il s'agit de synthétiser le texte en le reformulant plutôt que d'en reprendre des pans entiers plus ou moins bien paraphrasés. Vous devez vous en tenir à un résumé neutre et objectif. Conservez vos opinions pour la partie 'commentaire'. La difficulté consiste à aller directement à l'essentiel sans se perdre dans les détails.

Lorsque le texte s'y prête, vous pouvez annoncer sa structure, sans entrer dans un découpage fastidieux. Contentez-vous de dégager une introduction (rappel du contexte, constat général, exemple introductif...), un développement (causes, manifestations, conséquences, solutions...) et une conclusion (bilan, mise en perspective, ouverture...). Evitez la surstructuration à base de formules toutes faites, qui lassent le jury et n'apportent rien au compte rendu. Préférez des charnières du discours (*zuerst, dann, schließlich*...), qui rendent l'expression plus naturelle tout en faisant ressortir les grands axes du texte.

Vocabulaire utile :

Noms :	Verbes : (voir aussi p. 89-96)
die Struktur : la structure	*sich mit (+dat.) befassen* : s'occuper de
die Einleitung : l'introduction	
die Schlussfolgerung : la conclusion	*sich mit (+ dat.) auseinandersetzen* : analyser, examiner
der Abschnitt (-e) : le paragraphe	*untersuchen* : étudier
der Teil (-e) : la partie	*fest/stellen* : constater
die Spalte (-n) : la colonne	*berichten* : rapporter
die Zeile (-n) : la ligne	*erzählen* : raconter
der Satz (-¨e) : la phrase	*beschreiben, schildern* : décrire
der Titel : le titre	*interviewen* : interviewer

der Untertitel : le sous-titre
die Schlagzeile (-n) : le gros titre
Schlagzeilen machen : faire les gros titres
die Titelseite : la une
der Bericht (-e) : le récit
das Interview (-s) : l'interview
die Studie (-n) : l'étude
die Umfrage (-n) : le sondage
das Argument (-e) : l'argument

verfassen : rédiger
zusammen/fassen : résumer
zu verstehen geben : laisser entendre
erklären : expliquer
Stellung nehmen (a – o) : prendre position
einen Standpunkt vertreten (a – e) : défendre un point de vue

Expressions :

Dieser Artikel ist in … Teile gegliedert / lässt sich in …. Teile gliedern : cet article est composé de … parties.

Im ersten / zweiten / dritten Abschnitt geht es um… : dans le premier / deuxième / troisième paragraphe, il est question de…

Ausgangspunkt des Artikels ist eine Studie / eine Untersuchung / eine Umfrage : le point de départ du texte est une étude / un sondage.

Der Journalist fragt nach (+dat) : le journaliste pose la question de…

Der Journalist geht davon aus, dass… : le journaliste part du principe que…

Dem Journalisten zufolge… : d'après le journaliste (notez que *der Journalist* est un masculin faible).

Der Journalist führt ein Beispiel an : le journaliste introduit un argument.

Der Journalist kommt zu dem Schluss, dass … : le journaliste en conclut que…

Ich zitiere aus dem ersten Abschnitt : je cite (citation tirée du premier paragraphe).

- **commenter, problématiser**

C'est la partie la plus délicate de l'épreuve, qui consiste à revenir sur les thèmes abordés dans l'article et à développer une réflexion personnelle sur un sujet donné. C'est ici l'occasion de montrer que vous avez suivi l'actualité et que vous êtes au courant des grands enjeux contemporains dans les pays de langue allemande, en prenant garde de bien rattacher vos connaissances à l'article. Le commentaire ne doit pas être prétexte à la récitation d'une leçon bien apprise. Vous devez adapter le cours au texte. Le jury aura également envie d'entendre votre opinion sur la question, ne le privez donc pas de ce plaisir. Auquel cas il vous la demandera à l'issue de votre intervention.

N'oubliez pas de faire une phrase de transition entre le résumé et le commentaire.

Expressions :

Ich komme jetzt zu meinem Kommentar : j'en viens à présent au commentaire.

Ich möche jetzt zum Kommentar übergehen : j'aimerais maintenant passer au commentaire.

Ich möchte jetzt folgende Punkte entwickeln / kommentieren : j'aimerais à présent développer / commenter les points suivants.

Ich möchte jetzt auf die folgenden Punkte zurückkommen : j'aimerais à présent revenir sur les points suivants.

Was mich betrifft, so denke ich, dass… : en ce qui me concerne, je pense que…

Meiner Meinung nach (+ verbe en 2e position)… : à mon avis.

Ich möchte meinen Standpunkt geben : je voudrais donner mon avis.

Ich finde dieses Argument gerechtfertigt / ungerechtfertigt : je trouve cet argument justifié / injustifié.

Ich bin mit dem Journalisten (nicht) einverstanden : je (ne) suis (pas) d'accord avec le journaliste.

Ich teile diese Meinung / Ansicht (nicht) : je (ne) partage (pas) cette opinion.

Ich bin anderer Meinung : je suis d'un autre avis.

Ich bin (fest davon) überzeugt, dass… : je suis (intimement) convaincu que.

D. LA PRONONCIATION

Bien savoir parler une langue implique que l'on respecte certaines règles de prononciation. On ne vous demande pas de parler sans accent, chose extrêmement difficile à acquérir quand on n'a pas la chance de grandir bilingue. Mais il faut assimiler quelques principes et se débarrasser de certaines habitudes qui font mauvaise impression.

En règle générale, l'allemand n'est pas la langue la plus difficile à prononcer. Le seul son différent du français est le 'ch' chuinté que l'on trouve dans *'ich'*. Il faut garder à l'esprit que tout se prononce et penser à faire les accents de mot.

Vous trouverez ci-dessous un récapitulatif des erreurs les plus fréquentes à éviter. Les sons ne sont pas indiqués en signes phonétiques, mais transcrits comme on les entend lorsqu'ils sont bien prononcés.

➡ **diphtongues : AI – EI – EU – AU**

- Prononcez 'ai' et 'ei' comme le mot français « aïe ».
- 'eu' se prononce 'oye' comme dans le mot « coyotte ».

    Mots fréquemment massacrés : *Deutschland, die Deutschen, Europa, europäisch...*

- Prononcez 'au' comme vous diriez 'ao'.

    Ex : *das Auto* (prononcer 'aoto'), *auch* (prononcer 'aor')...

➡ **nasales : AN – ON – IN**

Les nasales françaises sont particulièrement difficiles à prononcer pour les étrangers car ils ne les nasalisent pas. Ainsi, notre 'an' sonne chez eux comme le prénom « Anne ».

Pensez donc à bien séparer la voyelle qui précède le 'n'.

Mots fréquemment massacrés : *Deutschland, Frankreich, die Franzosen, ganz...*

D. La prononciation

▸ 'e' finaux

Ce n'est pas parce que le français a beaucoup de 'e' muets qu'il faut faire la même chose en allemand. Bien au contraire ! Les 'e' en fin de mot se prononcent comme un 'eu' français pas trop appuyé.

>Ex : *die Creme* ('crémeu'), *das Ende, die Familie, die Studie*...

▸ CH – SCH

Le 'ch' est prononcé comme un 'r' lorsqu'il est précédé d'un 'a' (*ach*), d'un 'o' (*die Tochter*) ou d'un 'u' (*das Buch*)

Il est chuinté lorsqu'il est précédé d'autres voyelles ainsi que des voyelles 'a', 'o' et 'u' infléchies (par un ¨).

>Ex : *die Dächer, die Töchter, die Bücher*...

'sch' se prononce comme un 'ch' français.

>✎ Attention à la confusion classique *Kirche / Kirsche* ! ✎

die Kirche : l'église
die Kirsche : la cerise (pensez au kirsch, l'alcool de cerise)

▸ H aspiré

Le 'h' en tête de mot est aspiré. Il faut également aspirer les 'h' à l'intérieur des mots, lorsque c'est possible.

>Ex : *die Mehr**h**eit, mehr**h**eitlich*...

▸ QU

'qu' se prononce comme 'kv'.

>Ex : *die Qualität* ('kvalitête'), *die Quantität* ('kvanntitête') (mettez l'accent de mot sur la dernière syllabe).

3. Commenter, argumenter, structurer

- **S**

Le 's' se prononce comme un 's' français lorsqu'il est doublé ('ss' ou 'β'). Sinon, il se prononce comme un 'z' français. Méfiez-vous des mots issus du français que l'on est tenté de prononcer à la française.

> Ex : *die Serie* (prononcer 'zérieu' avec un accent sur la syllabe 'zé'), *die Situation* (prononcer 'zitouatsiône').

- **ST, SP**

De façon générale, on doit entendre 'cht' ou 'chp' lorsque vous prononcez 'st' ou 'sp'.

> Ex : *Stern, die Studie, die Struktur, der Spiegel, sparen, die Stabilität...*

- **V et W**

Le 'v' allemand équivaut à notre 'f'. Ne confondez pas 'v' avec 'w', qui, lui, se prononce comme notre 'v'.

> Ex : von *(prononcer 'fone')*, der Wille *(prononcer 'villeu')*...

- **Y**

Le 'y' se prononce comme le 'u' français. Là encore, il faut se méfier des mots issus de français, que l'on a tendance à prononcer à la française.

> Ex : *das System* (prononcer 'zustém'), *Ägypten* (prononcer 'ègupteun')...

- **Z**

Prononcez le 'z' comme le 'ts' dans « mouche tsé-tsé », et non comme un 'z' français.

> Ex : *die Zeit* (prononcer 'tsaït'), *der Nazi* (prononcer 'natsi')...

🐟 Attention à ne pas confondre *seit* et *Zeit* ! 🐟

D. La prononciation

À noter que dans certains mots ou abrévations, le 'c' se prononce également 'tsé' :

Ex : *Mercedes, die CSU, die CDU…*

- **les *Umlaut* (¨)**

Il est impératif de bien prononcer les voyelles infléchies sous peine de modifier le sens de certains mots (des verbes, en particulier).

Ex : *ich wurde ≠ ich würde, ich konnte ≠ ich könnte, ich musste ≠ ich müsste* (prétérit / subjonctif 2).

- **la longueur des voyelles**

N'ayez pas peur d'allonger le 'i' lorsqu'il est suivi d'un 'e' et le 'a' lorsqu'il est suivi d'un autre 'a' ou d'un 'h'.

Ex : *bieten, schließen…*
Ex : *der Staat* ('a' long, par opposition au 'a' court de *die Stadt*), *ahnen…*

- **mots d'origine étrangère**

  - Les mots d'origine anglaise se prononcent à l'anglaise.

    Ex : *Rugby, die Hi-Fi-Anlage, das Image*

    Pensez de même à prononcer les prénoms et patronymes anglais ou américains (d'hommes politiques, de chanteurs, d'acteurs) à l'anglaise ou à l'américaine, et non à la française !

    ✄ Ne prononcez pas *Familie* à l'anglaise ! ✄

  - Les mots d'origine française sont souvent piégeux, car une partie a été « germanisée ».

    Ex : *der Ingenieur* : le 'in' se prononce à l'allemande, mais le 'g' se prononce comme dans le mot français.
    Ex : *die Technik, die Technologie, China, die Chemie* : le 'ch' est chuinté.

Ex : *die Situation, die Eskalation, die Nation, die Revolution* : prononcez le 'tion' : 'tsiône'.

Ex : *das Symbol* : prononcez le 'y' comme un 'u' français.

🕮 Attention : le mot *der Journalist* se prononce à la française ! 🕮

- L'accent de mot est souvent sur la dernière syllabe.

Ex : *die Poli**tik** (mais der Po**li**tiker), die Geogra**phie**, die Technolo**gie**, die Migra**tion**, die Theo**rie**, das Parlam**ent**, die Reparat**ur**.*

▶ les chiffres

Une habitude très répandue chez les étudiants français consiste à prononcer *zehn* comme si le 'e' était un 'i' , *fünf* comme si le 'ü' était un 'u' et *neun* comme le *nine* anglais. Prononcez le 'e' de *zehn* comme le 'e' dans « élan », le 'u' de *fünf* comme le 'u' dans « bus » et le 'eu' de *neun* comme le 'oye' de « coyotte ».

De la même manière, alors que l'on dit *zwanzig, vierzig, fünfzig* etc..., 30 se dit *dreißig* et non 'dreizig'.

4. ENRICHIR SON VOCABULAIRE

Les rapports de jury déplorent tous les ans la pauvreté du lexique des candidats, qui les empêche d'exprimer leurs idées. Le remède est très simple : il faut apprendre régulièrement le vocabulaire et le revoir périodiquement. Rappelez-vous toujours qu'apprendre sérieusement une langue ne souffre pas l'approximation. Ainsi, lorsque vous apprenez un nom, retenez par la même occasion son genre (pratique pour les déclinaisons) et son pluriel. Voici quelques règles faciles à mémoriser et extrêmement utiles pour éviter d'accumuler ce genre de fautes.

4. Enrichir son vocabulaire

A. AIDE MÉMOIRE : LE GENRE ET LE PLURIEL DES NOMS

➡ noms féminins

Sont féminins les noms se terminant en :

- *-heit* (die Freiheit)
- *-keit* (die Möglichkeit)
- *-schaft* (die Gesellschaft)
- *-ei* (die Partei)
- *-e* (die Sonne) mais *das Ende* et les masculins faibles tels *der Junge, der Däne, der Kunde...*
- *-ung* (die Wohnung)
- *-in* (die Kanzlerin)
- *-ie* (die Industrie)
- *-(t)ion* (die Situation)
- *-tur* (die Struktur)

Attention !

🖎 Noms féminins souvent mis à tort au masculin : *die Arbeit, die Gefahr, die Mauer* (mais *der Fall der Mauer* ou *der Mauerfall*), *die Rate, die Vergangenheit, die Wahl, die Welt, die Zahl, die Zeit, die Zukunft...* 🖎

➡ noms masculins

Sont masculins les noms en :

- *-er* (der Politiker) mais *die Mauer, die Mutter, die Tochter, die Schwester*
- *-ler* (der Sportler)
- *-ling* (der Lehrling)
- *-ismus* (der Liberalismus)
- *-ist* (der Journalist)
- *-ig* (der König)

A. Aide mémoire : le genre et le pluriel des noms

Attention !

🖎 Noms masculins souvent mis à tort au féminin : *der Eindruck, der Grund (-¨e), der Krieg (-e), der Teil (-e), der Vorteil (-e), der Nachteil (-e)*... 🖎

▶ **noms neutres**

Sont neutres les infinitifs substantivés (*das Essen, das Rauchen*) et les noms en :

- **-tum** (*das Wachstum*) sauf *Irrtum* et *Reichtum* qui sont masculins
- **-(i)um** (*das Studium*)
- **-ment** (*das Parlament*)
- **-chen / -lein** (*das Häuschen, das Fräulein*)
- **-o / -eau** (*das Risiko, das Niveau*)

Attention!

🖎 Noms neutres souvent mis à tort au masculin ou au féminin : *das Auto (-s), das Ende (-n), das Gesetz (-e), das Jahr (e), das Land (-¨er), das Leben* (*die Lebe* n'existe pas), *das Problem (-e), das Produkt (-e), das System (-e), das Thema (-en), das Wachstum*... 🖎

▶ **le pluriel des noms**

Le pluriel se forme en ajoutant une inflexion (¨) sur une voyelle et / ou une terminaison en *-e, -(e)n, -er, -s*.

- **noms féminins :** *-n* ou *-(e)n, -nen* pour les mots en *-in*.

    Ex : *die Freiheiten, die Parteien, die Freundinnen, die Industrien*...

    Exceptions : *die Mütter* et *die Töchter*.

- **noms en -en, -el, -er :** ils n'ont généralement pas de marque de pluriel.

    Ex : *die Politiker, die Sportler*...

    Pour un certain nombre de noms masculins, la voyelle radicale est infléchie.

    Ex : *die Brüder, die Väter, die Häfen, die Läden, die Vögel*...

- noms directement issus de l'anglais ou du français : ils prennent un -s.

    Ex : *die Taxis, die Hotels, die Restaurants, die Bars, die Autos, die Parks*...

Attention!

- Pluriel souvent mal maîtrisés : *die Euro* (pas de pluriel), *die Gründe, die Jahre, die Kinder, die Kriege, die Länder, die Leute, die Monate, die Probleme, die Produkte, die Tage* (pas de -n, sauf au datif pluriel)...

B. LA SOCIÉTÉ / *DIE GESELLSCHAFT*

LA DÉMOGRAPHIE / *DIE DEMOGRAPHIE*

▶ **Minimum vital**

die Bevölkerung (-en) : la population
die Geburtenrate / die Geburtenzahl : le taux de natalité
die Sterberate / die Sterblichkeit : le taux de mortalité
wachsen (u – a) / steigen (ie – ie) / zu/nehmen (a – o) : augmenter
das Wachstum : la croissance
die Zunahme : l'augmentation
zurück/gehen (i – a) / sinken (a – u) / schrumpfen : baisser, diminuer
der Rückgang : le recul, la baisse
die Lebenserwartung : l'espérance de vie
die Gesellschaftsalterung : le vieillissement de la population
altern : vieillir
die Rente (-n) / der Ruhestand : la retraite
der Rentner (-) : le retraité
in Rente gehen : partir à la retraite
das Rentensystem (-e) : le système des retraites
die Senioren : les séniors
das Altersheim (-e) : la maison de retraite
eine Familie gründen : fonder une famille
ein Kind zeugen : concevoir, faire un enfant
der Nachwuchs : les enfants
die Kinderlosigkeit : le fait de ne pas avoir d'enfants
kinderlos bleiben (ie – ie) : rester sans enfant
Beruf und Familie vereinbaren : concilier travail et famille
die Kinderbetreuung : la prise en charge des enfants
die Krippe (-n) : la crèche
der Kindergarten : le jardin d'enfants
die Jugend : la jeunesse
die Jugendlichen : les jeunes

4. Enrichir son vocabulaire

➧ Pour approfondir

der Bevölkerungswandel : le changement démographique
der Einwohner (-) : l'habitant
die Einwohnerzahl (-en) : le nombre d'habitants
um ... % zu/nehmen / ab/nehmen : augmenter / baisser de ... %
von 3 auf 4 Millionen zu/nehmen : passer de 3 à 4 millions
die Fruchtbarkeit : la fécondité
der Geburtenknick / der Geburtenrückgang : la baisse de la natalité
der Pillenknick : le fléchissement de la natalité dû à la pilule
die Erhöhung der Lebenserwartung : l'augmentation de l'espérance de vie

das Renteneintrittsalter : l'âge de départ à la retraite
die Anhebung des Renteneintrittsalters von... auf... : l'élévation de l'âge de départ à la retraite de... à...
die Rentenkasse (-n) : la caisse de retraite
der Beitrag (-¨e) : la cotisation
das Rentensystem aufrecht erhalten (ie – a) : sauvegarder le système des retraites
die Rentenfinanzierung : le financement des retraites
der Generationenvertag : la retraite par répartition
das Kapitaldeckungsverfahren : la retraite par capitalisation
die Altersvorsorge (-n) : la prévoyance vieillesse

die Verhütung : la contraception
das Verhütungsmittel (-) : le moyen de contraception
der Zeugungsstreik : le fait de ne pas fonder une famille (équivaut en gros à ce qu'on appelait « la grève des ventres » en France lorsque les Français ne faisaient plus d'enfants)
schwanger sein : être enceinte
die Schwangerschaft : la grossesse
die Mutterschaft : la maternité
der Mutterschaftsurlaub : le congé maternité
die kinderreiche Familie : la famille nombreuse
das Kindergeld : les allocations familiales
die Elternzeit : le congé parental

der Karriereknick : l'arrêt de la carrière (s'utilise surtout pour les femmes dont la carrière s'arrête net lorsqu'elles ont des enfants, la tradition voulant qu'elles restent à la maison pour les élever)

die Rabenmutter (-¨) : la mère-corbeau (expression désignant les femmes qui reprennent le travail alors qu'elles ont des enfants en bas âge, ce qui est mal vu en Allemagne. On les accuse alors d'abandonner leurs enfants, à l'instar des corbeaux, qui ont la réputation d'être de mauvais parents).

die Tagesmutter (-¨) : la nourrice

die alleinerziehende Mutter : la mère seule

L'IMMIGRATION ET L'INTÉGRATION / *DIE EINWANDERUNG UND DIE INTEGRATION*

▶ Minimum vital

der Ausländer (-) : l'étranger

ein/wandern : immigrer

der Einwanderer (-) : l'immigré

aus/wandern : émigrer

der Auswanderer (-) : l'émigré

das Einwanderungsland (-¨er) : le pays d'immigration

der Gastarbeiter : le travailleur immigré (littéralement « travailleur invité » : le mot désigne les travailleurs immigrés venus travailler en Allemagne et destinés à rentrer chez eux – *der Gast* : l'invité – après y avoir travaillé un certain nombre d'années)

der Flüchtling (-e) : le réfugié

seine Heimat verlassen (ie – a) : quitter son pays

die Herkunft : l'origine

mit Migrationshintergrund : issu de l'immigration

die Aufenthaltsgenehmigung : le permis de séjour

sich in die Gesellschaft integrieren : s'intégrer à la société

sich an/passen an (+ acc.) : s'adapter à

die Einbürgerung : la naturalisation

die doppelte Staatsbürgerschaft beantragen : demander la double nationalité

jn aus/weisen (ie – ie) : expulser qn

die Ausweisung (-en) : l'expulsion
die Minderheit (-en) : la minorité
das Vorurteil (-e) : le préjugé
die Diskriminierung : la discrimination
jn aus/grenzen : exclure qn
die Ausgrenzung : l'exclusion
die Vorstadt : la banlieue
die Siedlung (-en) : la cité
das Problemviertel (-) : le quartier à problèmes
ausländerfeindlich sein : être xénophobe, raciste
die Ausländerfeindlichkeit : la xénophobie
der Rassismus : le racisme
der Muslim (-e) : le musulman
muslimisch : musulman
das Kopftuch (-¨er) : le foulard, le voile

Pour approfondir

der Asylbewerber (-) : le demandeur d'asile
das Asylrecht : le droit d'asile
um Asyl bitten : demander l'asile
das Anwerbeabkommen (-) : le traité de recrutement (désigne les traités signés dans les années 50 et 60 entre l'Allemagne et les pays pourvoyeurs de main d'œuvre, à savoir l'Italie, la Turquie, la Grèce, l'Espagne, le Maroc, le Portugal)
der Anwerbestopp : l'arrêt du recrutement
die Familienzusammenführung / der Familienzuzug : le regroupement familial
zwischen zwei Kulturen leben : vivre entre deux cultures
die Wurzeln : les racines
der illegale Aufenthalt : le séjour illégal
die Schwarzarbeit : le travail au noir
die Rückführung : la reconduite à la frontière
der Farbige (-n) : la personne de couleur
das Ghetto (-s) : le ghetto
eine Religion aus/üben : pratiquer une religion
die Parallelgesellschaft (-en) : la société parallèle
der Rechtsextremismus : l'extrémisme de droite

B. La société / *die Gesellschaft*

LES PROBLÈMES SOCIAUX / *DIE SOZIALEN PROBLEME*

➡ Minimum vital

die Arbeitslosigkeit : le chômage
arbeitslos sein : être au chômage
der Arbeitslose (-n) : le chômeur
unter schwierigen Lebensbedingungen leben : avoir des conditions de vie difficiles
der Lebensstandard : le niveau de vie
die Sozialhilfe (-n) : l'aide sociale
von Hartz IV leben : vivre de l'aide sociale (Hartz IV est un ensemble de réformes du marché du travail mises en œuvre par le gouvernement Schröder entre 2003 et 2005, visant notamment à lutter contre le chômage volontaire)
arm sein : être pauvre
die Armut : la pauvreté
die Unsicherheit : l'insécurité
die Gewalt : la violence
gewalttätig : violent
die Kriminalität : la criminalité
die Delinquenz : la délinquance
stehlen (a – o) / klauen (fam.) : voler
die Polizei : la police
der Polizist (-en, -en) : le policier
das Gefängnis : la prison

➡ Pour approfondir

die Langzeitarbeitslosigkeit : le chômage de longue durée
das Arbeitsamt (-¨er) : l'ANPE
die Prekarität : la précarité
auf Sozialleistungen angewiesen sein : être tributaire de l'aide sociale
Sozialleistungen erhalten (ie – a) / empfangen (i – a) : percevoir des prestations sociales
der Sozialhilfeempfänger (-) : le bénéficiaire de l'aide sociale
das Arbeitslosengeld : les allocations chômage
der Hartz-IV-Empfänger : le bénéficiaire de la prestation Hartz IV

4. Enrichir son vocabulaire

unter der Armutsgrenze leben : vivre sous le seuil de pauvreté
mittellos sein : être démuni
verschuldet sein : être endetté
Schulden haben : avoir des dettes
der soziale Abstieg : le déclassement
obdachlos sein : être sans abri
der Obdachlose (-n) : le SDF
betteln : mendier
der Bettler (-) : le mendiant

ein Verbrechen begehen (i – a) : commettre un crime
der Verbrecher : le criminel
der Delinquent (-en, -en) / der Straftäter (-) : le délinquant
der Dieb (-e) : le voleur
der Diebstahl (-¨e) : le vol
in ein Haus ein/brechen (a – o) : cambrioler une maison
ein Auto auf/brechen (a – o) : fracturer une voiture
das Problemviertel (-) : le quartier sensible
mit Rauschgift handeln : dealer, vendre de la drogue
der Waffenhandel : le trafic d'armes
die Jugendgewalt : la violence des jeunes
die Krawalle (-n) : l'émeute
die Randalierer : les émeutiers
die Unruhen : les troubles
Autos in Brand setzen : incendier des voitures
verprügeln : rouer de coups, passer à tabac, tabasser
jn verhaften : arrêter qn
die Verhaftung (-en) : l'arrestation
jn verklagen / gegen jn Klage ein/reichen : porter plainte contre qn
die Justiz : la justice
der Richter (-) : le juge
der Anwalt (-¨e) : l'avocat
das Gericht (-e) : le tribunal
jn zu einer Gefängnisstrafe von 2 Jahren verurteilen : condamner qn à une peine de prison de 2 ans
jn ins Gefängnis stecken : mettre qn en prison
im Gefängnis sitzen (a – e) : faire de la prison, purger une peine de prison

B. La société / *die Gesellschaft*

L'ÉGALITÉ DES DROITS / *DIE GLEICHBERECHTIGUNG*

die Diskriminierung : la discrimination
der Unterschied (-e) : la différence
gerecht : juste
ungerecht : injuste
die Gerechtigkeit : l'équité
die Ungerechtigkeit : l'injustice
die Gleichstellung (zwischen Männern und Frauen) : l'égalité (entre les hommes et les femmes)
die Gleichheit : l'égalité
die Chancengleichheit : l'égalité des chances
das Geschlecht (-er) : le sexe
die Geschlechterpolitik : la politique relative aux sexes
die Frauenarbeit : le travail des femmes
die gläserne Decke : le plafond de verre
die Führungsposition (-en) : le poste à responsabilité
die Beschäftigungsquote : le taux d'emploi
das Rollenverständnis / die Rollenverteilung : la répartition des rôles
das Klischee (-s) : le cliché
das Vorurteil (-e) : le préjugé
das Stereotyp (-e) : le stéréotype

LA SANTÉ PUBLIQUE / *DIE ÖFFENTLICHE GESUNDHEIT*

➡ Minimum vital

die Gesundheit : la santé
das Gesundheitssystem / das Gesundheitswesen : le système de santé
gesund : sain, en bonne santé
ungesund : malsain, mauvais pour la santé
schaden (+ dat.) : nuire
gesundheitsschädlich sein : être nuisible pour la santé
die Krankheit (-en) : la maladie
krank sein : être malade
der Kranke (-n, -n) : le malade
das Krankenhaus (-¨er) : l'hôpital

die Krankenversicherung : l'assurance maladie
die Krankenkasse (-n) : la caisse maladie
die Medizin : la médecine
der Patient (-en, -en) : le patient
der Arzt (-¨e) : le médecin
pflegen : soigner (verbe faible)
behandeln : traiter
die Behandlung : le traitement
der Krebs (Lungenkrebs, Brustkrebs...) : le cancer (cancer du poumon, du sein...)
Aids : le sida
leiden (i – i) an (+ dat.) (Aids, Krebs...) : être malade de / souffrir d'une maladie (sida, cancer...)
leiden (i – i) unter (+ dat.) (Stress, Kopfschmerzen, Bauchschmerzen, Depression...) : souffrir de (stress, maux de tête, de ventre, dépression...)
an Krebs sterben (a – o) : mourir d'un cancer
das Virus (-en) : le virus
die Seuche (-n) / die Epidemie (-n) : l'épidémie
an/stecken : contaminer
die Ansteckung : la contamination
verhindern : empêcher
vorbeugen (+ dat.) : prévenir
die Vorbeugung / die Prävention : la prévention
sich impfen lassen (ie – a) : se faire vacciner
dick sein : être gros
übergewichtig sein : être en surpoids
das Übergewicht : le surpoids
fettleibig sein : être obèse
die Fettleibigkeit : l'obésité
die Sucht : l'addiction
drogensüchtig sein, alkoholsüchtig sein : être dépendant à la drogue, à l'alcool
rauchen : fumer
der Raucher (-) : le fumeur
das Rauchverbot : l'interdiction de fumer

B. La société / *die Gesellschaft*

➡ **Pour approfondir**

erkranken : tomber malade
die Kosten übernehmen (a – o) : prendre les coûts en charge
die Kostenübernahme : la prise en charge des coûts
der Pfleger (-) : l'infirmier
die Krankenschwester (-n) : l'infirmière
das Symptom (-e) : le symptome
die Therapie (-n) : la thérapie
das Heilmittel (-) : le remède
jn heilen : guérir qn
die Geschlechtskrankheit (-en) : la maladie sexuellement transmissible
HIV-positiv sein : être séropositif
aidskrank sein : être malade du sida
der / das Kondom (-e) : le préservatif
die Infektion (-en) : l'infection
die Grippe (-n) : la grippe
die Vogelgrippe : la grippe aviaire
die Schweinegrippe : la grippe A (H1N1)
die BSE Krise : la crise de la vache folle
impfen : vacciner
die Impfung : la vaccination
der Impfstoff (-e) : le vaccin

das Gewicht : le poids
die Fresssucht : la boulimie
fresssüchtig sein : être boulimique
die Magersucht : l'anorexie
magersüchtig sein : être anorexique
mager sein : être maigre
der Diabetes / die Zuckerkrankheit : le diabète
der Herzinfarkt(-e) : la crise cardiaque
zu/nehmen (a – o) : grossir
ab/nehmen (a – o) : maigrir
die Diät (-en) : le régime

die Altenpflege : l'assistance aux personnes âgées
die Alzheimer-Krankheit : la maladie d'Alzheimer
betreuen : s'occuper de

die Betreuung : la prise en charge
pflegebedürftig sein : nécessiter des soins
der Pflegebedürftige (-n, -n) : la personne qui nécessite des soins
die Droge (-n) : la drogue
der Alkohol : l'alcool
der Alkoholiker (-) : l'alcoolique
der Nichtraucher / der Passivraucher : le non fumeur, le fumeur passif
mit dem Rauchen auf/hören : arrêter de fumer

L'ÉDUCATION ET LA FORMATION / *DIE ERZIEHUNG UND DIE AUSBILDUNG*

➡ Minimum vital

erziehen (o – o) : éduquer
aus/bilden : former
das Bildungswesen : le système éducatif
der Schüler (-) : l'élève
der Lehrer (-) : le professeur (du primaire et du secondaire)
die Schule besuchen : fréquenter l'école
der Kindergarten (-¨) : le jardin d'enfants
die Grundschule : l'école primaire
das Gymnasium (-en) : le collège-lycée
das Abitur : le baccalauréat
die Lehre : l'apprentissage
der Lehrling (-e) : l'apprenti
die Universität (-en) / die Hochschule (-n) : l'université
(Jura, Medizin, Wirtschaft...) studieren : faire des études (de droit, de médecine, d'économie...)
das Studium : les études
der Student (-en, -en) : l'étudiant
das Fach (-¨er) : la matière
die Prüfung (-en) / das Examen (die Examina) : l'examen
eine Prüfung ab/legen : passer un examen
bei einer Klausur scheitern / durch/fallen (ie – a) : échouer à un partiel
das Examen bestehen (a – a) : réussir l'examen

der Abschluss (-¨e) : le diplôme
das Studium ab/schließen (o – o) / absolvieren : terminer ses études

➡ Pour approfondir

die Einschulung : la scolarisation
die Ganztagsschule : l'école où les cours durent toute la journée (système qui se développe en Allemagne, en rupture avec le modèle traditionnel de l'école uniquement le matin)
unterrichten : enseigner
der Unterricht : l'enseignement, les cours
der Dozent (-en, -en) : l'enseignant en université (équivalent du maître de conférences)
der Professor (-en) : le professeur d'université
das Schulsystem (-e) : le système scolaire
die Hauptschule : école secondaire majoritairement réservée aux élèves en échec scolaire
die Realschule : école secondaire, intermédiaire entre la *Hauptschule* et le *Gymnasium*
der Gymnasiast (-en, -en) : le collégien, le lycéen
die Gesamtschule : l'école globale (regroupant *Haupt-*, *Realschule* et *Gymnasium*)
die Berufsschule : l'école professionnelle
die technische Hochschule : l'université technique
die Weiterbildung / die Fortbildung : la formation continue

sich immatrikulieren lassen (ie – a) : s'inscrire à l'université
die Immatrikulation : l'inscription
die Studiengebühren : les droits d'inscription
der Studentenausweis (-e) : la carte d'étudiant
die Mensa (-en) : le restaurant universitaire
das Studentenwohnheim (-e) : la résidence étudiante
der Studiengang (-¨e) : le cursus, la filière universitaire
das Semester (-) : le semestre
das Seminar (-e) : le séminaire
die Vorlesung (-en) : le cours magistral
der Kommilitone (-n, -n) : le condisciple
die Klausur (-en) : le partiel
die Aufnahmeprüfung : l'examen d'admission

4. Enrichir son vocabulaire

das akademische Auslandsamt : le service des relations internationales
der Austausch (- e) : l'échange
der Austauschstudent (-en, -en) : l'étudiant en échange
das Erasmus-Programm : le programme Erasmus
der Auslandsaufenthalt : le séjour à l'étranger
die Mobilität : la mobilité
fördern : aider, promouvoir
das Stipendium : la bourse

LES MEDIAS ET LA COMMUNICATION / *DIE MEDIEN UND DIE KOMMUNIKATION*

▶ Minimum vital

die Presse : la presse
die Zeitung (-en) : le journal
die Zeitschrift (-en) : la revue
ercheinen (ie – ie) : paraître
veröffentlichen : publier
der Leser (-) : le lecteur
der Journalist (-en, -en) : le journaliste
der Berichterstatter : l'envoyé spécial
das Fernsehen : la télévision
im Fernsehen : à la télévision
die Tagesschau : le journal télévisé
der Film (-e) : le film
die Sendung (-en) : l'émission
der Zuschauer (-) : le téléspectateur
das Radio : la radio
im Radio : à la radio
der Zuhörer (-) : l'auditeur
die öffentliche Meinung : l'opinion publique
werben (a – o) für (+ acc.) : faire de la publicité pour
die Werbung : la publicité

Pour approfondir

die Tageszeitung : le quotidien
die Wochenzeitung : l'hebdomadaire
das Magazin (-e) : le magazine
das Boulevardblatt (-¨er) : la presse populaire, le tabloïd (type « Bild »)
die Ausgabe (-n) : l'édition
moderieren : présenter
der Moderator (-en) : le présentateur
die Serie (-n) : la série
die Reportage (-n) : le reportage
übertragen (u – a) : diffuser, retransmettre

die Werbekampagne : la campagne de publicité
der Werbespot : le spot publicitaire
das Werbeplakat (-e) : le panneau publicitaire
der Flyer (-) / das Flugblatt (-¨er) : le tract, le prospectus
beeinflussen : influencer
der Einfluss (-¨e) : l'influence
einen Einfluss aus/üben auf (+ acc.) : exercer une influence sur

LES LOISIRS / *DIE FREIZEIT*

die Freizeitaktivität (-en) : l'activité pratiquée pendant ses loisirs
sich entspannen : se détendre
sich erholen / sich aus/ruhen : se reposer
sich zerstreuen : se divertir
lesen (a – e) : lire
fern/sehen (a – e) / Fernseh gucken : regarder la télévision
sich (dat.) einen Film / eine Serie an/gucken : regarder un film / une série
basteln : bricoler
Sport treiben (ie – ie) : faire du sport
wandern : randonner, faire de la marche
die Wanderung (-en) : la randonnée
Fahrrad fahren (u – a) : faire du vélo
joggen : faire du jogging
musizieren : faire de la musique

aus/gehen (i – a) : sortir

ins Kino / Konzert / Theater / Museum / Restaurant gehen (i – a) : aller au cinéma, au concert, au théâtre, au musée, au restaurant

die Kneipe (-n) : le café, le bar, le bistrot

die Ausstellung (-en) : l'exposition

einen Ausflug (-¨e) machen : partir en excursion

spazieren gehen (i – a) : se promener

der Spaziergang (-¨e) : la promenade

Spaß haben : s'amuser

Spaß machen : être bien, être plaisant

die Spaßgesellschaft : la société de loisirs

C. LA POLITIQUE / *DIE POLITIK*

LES DIFFÉRENTS SYSTÈMES ET DOCTRINES POLITIQUES / *DIE VERSCHIEDENEN POLITISCHEN SYSTEME UND LEHREN*

die Lehre (-n) : la doctrine
die Monarchie : la monarchie
die parlamentarische Monarchie : la monarchie parlementaire
der König (-e), die Königin (-nen) : le roi, la reine
der Kaiser (-), die Kaiserin (-nen) : l'empereur, l'impératrice
der Prinz (-en, -en), die Prinzessin (-nen) : le prince, la princesse
die Demokratie : la démocratie
demokratisch : démocratique
der Rechtsstaat (-en) : l'État de droit
die Grundrechte garantieren : garantir les droits fondamentaux
der Faschismus (-en) : le fascisme
der Faschist (-en, -en) : le fasciste
die Diktatur (-en) : la dictature
der Diktator (-en) : le dictateur
die Tyrannei (-en) : la tyrannie
der Tyrann (-en, -en) : le tyran
die Menschenrechte verletzen : bafouer les droits de l'homme
unterdrücken : opprimer
die Unterdrückung : l'oppression
verfolgen : persécuter
die Verfolgung (-en) : la persécution
verdrängen : réprimer
der Liberalismus : le libéralisme
der Liberale (-n) : le libéral
der Sozialismus : le socialisme
der Sozialist (-en, -en) : le socialiste
der Kommunismus : le communisme
der Kommunist (-en, -en) : le communiste

Le système politique en Allemagne, Autriche, Suisse / *Das politische System in Deutschland, Österreich und in der Schweiz*

▸ Minimum vital

der Staat (-en) : l'état
der Föderalismus : le fédéralisme
der Bund (-¨e) : la fédération
der Bundesstaat (-en) : l'État fédéral
das Bundesland (-¨er) : le land
die Republik : la République
die Verfassung : la constitution
das Grundgesetz : la Loi Fondamentale (la constitution allemande)
der Bürger (-) : le citoyen
das Volk (-¨er) : le peuple
die Freiheit : la liberté
die Gleichheit : l'égalité
die Meinungsfreiheit : la liberté d'expression
die Pressefreiheit : la liberté de la presse
regieren : gouverner
die Regierung (-en) : le gouvernement
der Politiker (-) : l'homme politique
der Bundeskanzler / die Bundeskanzlerin : le Chancelier fédéral / la Chancelière fédérale
der Bundespräsident (-en, -en) : le Président fédéral
der Minister (-) : le ministre
der Bürgermeister (-) : le maire
der Abgeordnete (-n) : le député
das Parlament : le parlement
die Maßnahme (-n) : la mesure
Maßnahmen treffen (a – o) / ergreifen (i – i) : prendre des mesures
das Gesetz (-e) : la loi
ein Gesetz verabschieden : voter une loi
reformieren : réformer
die Reform (-en) : la réforme
eine Reform durch/setzen : imposer une réforme
verwalten : administrer

C. La politique / *die Politik*

die Verwaltung (-en) : l'administration
die Behörde (-n) : l'autorité
der öffentliche Dienst : le service public
der Beamte (-n) : le fonctionnaire
die Steuer (-n) : l'impôt

➡ Pour approfondir

auf Bundesebene : à l'échelle de la fédération
auf Landesebene : à l'échelle du land
die Versammlungsfreiheit : la liberté de réunion
die Freizügigkeit : la libre circulation
die Schweizerische Eidgenossenschaft : la Confédération suisse

die Gewaltenteilung : le partage des pouvoirs
die Legislative (die gesetzgebende Gewalt) : le pouvoir législatif

in Deutschland :
    der Bundestag : le Parlement fédéral
    der Bundesrat : le Conseil fédéral (l'Assemblée représentant les länder)
    das Landesparlament : le parlement d'un land

in Österreich :
    der Nationalrat : le Conseil national
    der Bundesrat : le Conseil fédéral
    der Landtag : le parlement d'un land

in der Schweiz :
    die Bundesversammlung : l'Assemblée fédérale
    der Kantonsrat : le Conseil cantonal

die Exekutive (die ausführende Gewalt) : le pouvoir exécutif

in Deutschland und in Österreich :
    die Bundesregierung : le gouvernement fédéral
    die Landesregierung : le gouvernement du land

in der Schweiz :
    der Bundesrat : le Conseil fédéral
    die Kantonsregierung : le gouvernement cantonal

die Judikative (die Rechtssprechung) : le pouvoir judiciaire

in Deutschland :
    das Bundesverfassungsgericht : le Tribunal constitutionnel fédéral

in Österreich :
    der Verfassungsgerichtshof : le Tribunal constitutionnel

in der Schweiz :
    das Bundesgericht : le Tribunal fédéral

die Kammer (-n) : la chambre
die Sitzung (-en) : la session
tagen : siéger
auf/lösen : dissoudre
die Auflösung (-en) : la dissolution
Gesetze erlassen (ie – a) : édicter des lois
das Staatsoberhaupt (-¨er) : le chef d'Etat
der Staatsmann (-¨er) : l'homme d'Etat
das Ministerium (-en) : le ministère
der Innenminister (-) : le ministre de l'Intérieur
der Außenminister (-) : le ministre des Affaires étrangères
der Justizminister (-) : le ministre de la Justice
der Gesundheitsminister (-) : le ministre de la Santé
der Finanzminister (-) : le ministre des Finances
der Wirtschaftsminister (-) : le ministre de l'Economie
der Verteidigungsminister (-) : le ministre de la Défense
der Parlamentarier (-) : le parlementaire
vertreten (a – e) : représenter
der Vertreter (-) : le représentant
der Ministerpräsident (-en, -en) : le Ministre-Président (d'un land)
einen Minister ernennen (a – a) : nommer un ministre
zurück/treten (a – e) : démissionner
der Rücktritt : la démission
der Gemeinderat (-¨e) : le conseil municipal / le conseiller municipal
eine Regierung bilden : former un gouvernement
der Haushalt (-e) : le budget
der Steuerzahler (-) : le contribuable

C. La politique / *die Politik*

LES PARTIS / *DIE PARTEIEN*

▶ Minimum vital

die Partei (-en) : le parti
einer Partei an/gehören : appartenir à un parti
das Parteimitglied (-er) / der Parteiangehörige (-n) : l'adhérent d'un parti
der Parteivorsitzende (-n) : le chef d'un parti
ein Bündnis schließen (o – o) : conclure une alliance
die Koalition : la coalition
die Linke : la gauche (c'est aussi le nom d'un parti politique) (se décline comme un adjectif)
die Mitte : le centre
die Rechte : la droite (se décline comme un adjectif)
der Rechtsextremismus : l'extrémisme de droite
der Rechtsradikale (-n) : l'extrémiste de droite
der Linksradikale (-n) : l'extrémiste de gauche

▶ Pour approfondir

die Fraktion : le groupe parlementaire à l'Assemblée
der Fraktionsvorsitzende (-n) : le président d'un groupe parlementaire
der Flügel : l'aile
die Große Koalition : la grande coalition (*SPD / CDU / CSU*)
die rot-grüne Koalition : la coalition rouge-verte (*SPD / die Grünen*)
die schwarz-gelbe Koalition : la coalition *CDU / CSU / FDP*

die größten Parteien Deutschlands : les plus grands partis allemands
    die SPD (Sozialdemokratische Partei Deutschlands) : le parti social-démocrate
    die CDU (Christlich-Demokratische Union) : l'union chrétienne-démocrate
    die CSU (Christlich-Soziale Union) : l'union chrétienne sociale (parti bavarois)
    die Linke : la Gauche
    die Grünen : les Verts
    die FDP (Freie Demokratische Partei) : le parti libéral

die NPD (Nationaldemokratische Partei Deutschlands) : le parti national-démocrate (d'extrême-droite)

die größten Parteien Österreichs : les plus grands partis autrichiens
- *die SPÖ (Sozialdemokratische Partei Österreichs)* : le parti social-démocrate
- *die ÖVP (Österreichische Volkspartei)* : le parti populaire (parti conservateur)
- *die FPÖ (Freiheitliche Partei Österreichs)* : le parti autrichien de la liberté (parti nationaliste et populiste)
- *die Grünen* : les Verts

die größten Parteien der Schweiz : les plus grands partis suisses
- *die CVP (Christlichdemokratische Volkspartei)* : le parti démocrate chrétien
- *die SP (Sozialdemokratische Partei der Schweiz)* : le parti social-démocrate
- *die FDP - die Liberalen* : le parti libéral
- *die Grüne Partei der Schweiz* : le parti écologiste
- *die SVP (Schweizerische Volkspartei)* : l'Union démocratique du centre (parti populiste)

LES ÉLECTIONS / *DIE WAHLEN*

➡ Minimum vital

wählen : voter
die Wahl (-en) : l'élection
der Wähler (-) : l'électeur
die Wahlkampagne (-n) : la campagne électorale
die Wahlbeteiligung : la participation
die Stimmenthaltung : l'abstention
der Kandidat (-en, -en) : le candidat
die Umfrage (-n) : le sondage
die Mehrheit : la majorité
die Minderheit : la minorité
der Sieg (-e) : la victoire
die Niederlage (-n) : la défaite

C. La politique / *die Politik*

▶ Pour approfondir

das Wahlrecht (-e) : le droit de vote
die Abstimmung (-en) : le scrutin
die Bundestagswahlen : les élections législatives fédérales
die Landtagswahlen : les élections législatives régionales (au parlement du land)
die Kommunalwahlen : les élections municipales
die Europawahlen : les élections européennes
die Legislaturperiode : la législature
der Wahlkreis (-e) : la circonscription
eine Umfrage durch/führen : mener un sondage
das Wahlplakat (-e) : l'affiche électorale
sich (dat.) der Stimme enthalten (ie – a) : s'abstenir
die 5%-Klausel : la clause des 5 % (pourcentage minimum que doit atteindre un parti pour avoir des représentants à l'Assemblée)
der Sitz (-e) : le siège
das Amt (-¨er) : la fonction, le mandat

L'EUROPE / *EUROPA*

▶ Minimum vital

europäisch : européen
die Europäische Union (EU) : l'Union européenne (UE)
der Vertrag von Maastricht / von Lissabon : le traité de Maastricht / de Lisbonne
der Euro (-) : l'Euro
die gemeinsame Währung : la monnaie unique
das EU-Mitglied (-er) : le pays membre de l'UE
das Gründungsmitglied (-er) : le membre fondateur
die EU-Erweiterung : l'élargissement de l'UE
die Osterweiterung : l'élargissement à l'Est
der EU bei/treten (a – e) : adhérer à l'UE
der Beitritt (-e) : l'adhésion
der Beitrittskandidat (-en, -en) : le candidat à l'adhésion

4. Enrichir son vocabulaire

➡ Pour approfondir

die Europäische Gemeinschaft für Kohle und Stahl (Montanunion) : la Communauté européenne du charbon et de l'acier (CECA)
die Römischen Verträge : le traité de Rome (ou traité instaurant la Communauté économique européenne)
die Europäische Wirtschaftsgemeinschaft (EWG) : la Communauté économique européenne (CEE)

die europäischen Einrichtungen : les institutions européennes
der Europäische Rat : le Conseil européen (Bruxelles)
der Rat der Europäischen Union (auch EU-Ministerrat) : le Conseil de l'Union Européenne (aussi appelé Conseil des ministres) (Bruxelles)
das Europäische Parlament : le Parlement européen (Strasbourg)
die Europäische Kommission : la Commission européenne (Bruxelles)
die Europäische Zentralbank : la Banque centrale européenne (Francfort/Main)
der Gerichtshof der Europäischen Union : la Cour de justice de l'Union européenne (Luxembourg)
der Europäische Rechnungshof : la Cour des comptes européenne (Luxembourg)

der Stabilitätspakt : le pacte de stabilité
die Gemeinsame Agrarpolitik : la Politique agricole commune
die Schengener Abkommen : les accords de Schengen
der Schengener Raum : l'espace Schengen
die Grenze (-n) : la frontière
die Grenzkontrolle (-n) : le contrôle des frontières
der freie Verkehr : la libre circulation

D. L'ÉCONOMIE / *DIE WIRTSCHAFT*

LES SECTEURS ÉCONOMIQUES / *DIE WIRTSCHAFTSSEKTOREN*

▶ Minimum vital

der Sektor (-en) / der Bereich (-e) : le secteur
die Branche (-n) / der Zweig (-e) : la branche
die Landwirtschaft : l'agriculture
die Industrie (-n) : l'industrie
der Dienstleistungssektor : les services
die Bank (-en) : la banque
die Finanz : la finance
die Börse (-n) : la bourse
die Versicherung (-en) : l'assurance
der Verkehr : le transport
der Handel : le commerce

▶ Pour approfondir

der Landwirt (-e) / der Bauer (-n, -n) : l'agriculteur, le paysan
der Bauernhof (-¨e) : la ferme
an/bauen : cultiver
der Anbau : la culture

die Pharmaindustrie : l'industrie pharmaceutique
die Stahlindustrie : l'industrie de l'acier
die chemische Industrie : l'industrie chimique
die Automobilindustrie : l'industrie automobile
der Maschinenbau : le génie mécanique
die Luft- und Raumfahrtindustrie : l'industrie aéronautique et spatiale
die Fluggesellschaft (-en) : la compagnie aérienne
die Lebensmittelindustrie : l'industrie agro-alimentaire
die Textil- und Bekleidungsindustrie : l'industrie textile, de l'habillement
die Energiewirtschaft : l'énergie

das (Bank)Konto (-en) : le compte (bancaire)
ein Konto eröffnen / schließen (o – o) : ouvrir / fermer un compte
Geld auf ein Konto ein/zahlen : verser de l'argent sur un compte
Geld überweisen (ie – ie) : virer de l'argent
die Überweisung (-en) : le virement
Geld ab/heben (o – o) : retirer de l'argent
sparen : épargner
die Ersparnisse (pl.) : les économies
der Kredit (-e) : le crédit
jm einen Kredit gewähren : accorder un crédit à qn
das Darlehen (-) : le prêt
jm Geld leihen (ie – ie) : prêter de l'argent à qn
bei der Bank Geld leihen (ie – ie) : emprunter de l'argent à la banque
Geld an/legen (in + acc.) : placer, investir de l'argent
der Anleger (-) : l'investisseur
die Aktie (-n) : l'action
der Aktienbesitzer (-) : l'actionnaire
das Portfolio : le portefeuille
investieren (in + acc.) : investir dans
die Investition (-en) : l'investissement
der Investor (-en) : l'investisseur
der Makler (-) : l'agent de change
der Kurs (-e) : le cours
der Index : l'indice
spekulieren : spéculer
die Spekulation : la spéculation
der Zins (-en) : l'intérêt
der Zinssatz (-¨e) : le taux d'intérêt
der Profit (-e) / der Gewinn (-e) : le profit, le gain
die Dividende (-n) : le dividende

das Versandhaus (-¨er) : la société de vente par correspondance
das Kaufhaus (-¨er) : le grand magasin
der Laden (-¨) / das Geschäft (-e) : le magasin
der Händler (-) : le commerçant

die Tourismusindustrie : le tourisme
das Hotel- und Gaststättengewerbe : l'hôtellerie et la restauration
das Hotel (-s) : l'hôtel

das Restaurant (-s) : le restaurant
die Kneipe (-n) : le bar, le café, le bistrot
das Reisebüro (-s) : l'agence de voyages

LE MONDE DU TRAVAIL / *DIE ARBEITSWELT*

▶ Minimum vital

das Unternehmen (-) / die Firma (-en) / der Betrieb (-e) : l'entreprise
die Fabrik (-en) / das Werk (-e) : l'usine
die Gesellschaft (-en) : la société
der Konzern (-e) : le konzern
produzieren : produire
die Produktion : la production
her/stellen : produire
der Markt (-¨e) : le marché
das Produkt (-e) : le produit
das Geschäft (-e) : l'affaire
Geschäfte machen : faire des affaires
der Umsatz (-¨e) : le chiffre d'affaire
einen Umsatz von 200 Millionen Euro machen / registrieren / verzeichnen : faire / enregistrer un chiffre d'affaire de 200 millions d'euros
der Umsatz beträgt 200 Millionen Euro : le chiffre d'affaire est de 200 millions d'euros
die Arbeit / der Beruf (-e) : le travail, la profession
einen Beruf aus/üben : exercer une profession
arbeitstätig sein / berufstätig sein : être actif
der Arbeitstätige (-n) / der Berufstätige (-n) : l'actif
der Arbeitsplatz (-¨e) : l'emploi
der Job (-s) : l'emploi, le travail
die Stelle (-n) : l'emploi, le poste
Vollzeit / Teilzeit arbeiten : travailler à temps plein / à temps partiel
die Vollzeitbeschäftigung / die Teilzeitbeschäftigung : le travail à plein temps / à temps partiel
der Arbeitgeber (-) : l'employeur
jn beschäftigen : employer qn

4. Enrichir son vocabulaire

der Beschäftigte (-n) / der Arbeitnehmer (-) / der Angestellte (-n) : l'employé, le salarié
der Mitarbeiter (-) : l'employé, le collaborateur
die Arbeitskräfte (pl.) : la main-d'oeuvre
die Fachkräfte (pl.) : la main-d'œuvre qualifiée
der Arbeitsmarkt / der Stellenmarkt : le marché de l'emploi
arbeitslos werden / sein : se retrouver au chômage / être au chômage
der Arbeitslose (-n) : le chômeur
die Arbeitslosigkeit : le chômage
die Arbeitslosigkeitsrate (-n) : le taux de chômage
Geld verdienen : gagner de l'argent
der Lohn (-¨e) / das Gehalt (-¨er) / der Verdienst : le salaire, la paye
das Einkommen (-) : le revenu
der Mindestlohn (-¨e) : le salaire minimum, le SMIC
die Arbeitszeit (-en) : le temps de travail
die Gewerkschaft (-en) : le syndicat
streiken : faire grève
der Streik (-s) : la grève
demonstrieren : manifester
die Demonstration (-en) : la manifestation

▪ Pour approfondir

ein Unternehmen gründen : fonder une entreprise
die Gründung : la fondation
die Klein- und Mittelbetriebe : les petites et moyennes entreprises (PME)
der Betriebsleiter (-) : le chef d'entreprise
das Personal / die Belegschaft : le personnel
die Gesellschaft mit beschränkter Haftung (GmbH) : la société à responsabilité limitée (SARL)
die Aktiengesellschaft (AG) : la société anonyme (SA)
die Muttergesellschaft : la société mère
die Tochtergesellschaft / die Filiale (-n) : la filiale
der Vorstand : le directoire
der Vorstandsvorsitzende (-n) : le président du directoire (PDG)
der Aufsichtsrat : le conseil de surveillance
der Sitz (-e) : le siège

D. L'économie / *die Wirtschaft*

ein Produkt vermarkten / kommerzialisieren / auf den Markt bringen : commercialiser un produit
die Vermarktung / die Kommerzialisierung : la commercialisation
die Ware (-n) : la marchandise
der Auftrag (-¨e) : la commande
liefern : livrer
die Lieferung (-en) : la livraison
der Zulieferer (-) : le sous-traitant
vertreiben (ie - ie) : distribuer
der Vertrieb : la distribution
verkaufen : vendre
der Verkauf : la vente
der Verkäufer (-) : le vendeur
ein Produkt ab/setzen : écouler un produit
der Absatz (-¨e) : le débouché
der Geschäftspartner (-) : le partenaire commercial
die Abgabe (-n) : la taxe
die Gewerbesteuer (-n) : la taxe professionnelle
die Mehrwertsteuer (-n) (MwSt) : la TVA

eine Arbeit / eine Stelle / einen Arbeitsplatz suchen : chercher un emploi
die Anzeige (-n) : l'annonce
das Stellenangebot (-e) : l'offre d'emploi
sich um eine Stelle bewerben (a – o) : poser sa candidature à un emploi
die Bewerbung (-en) : la candidature
der Bewerber (-) : le candidat
der Lebenslauf (-¨e) : le CV
der Motivationsbrief (-e) : la lettre de motivation
das Vorstellungsgespräch (-e) : l'entretien d'embauche
jn zu einem Vorstellungsgespräch ein/laden (u – a) : convoquer qn à un entretien d'embauche
jn ein/stellen : embaucher qn
die Einstellung (-en) : l'embauche
der befristete / unbefristete Arbeitsvertrag (-¨e) : le CDD, le CDI
jn entlassen : licencier qn
die Entlassung (-en) : le licenciement
jn feuern : virer qn
jm kündigen : donner son congé à qn, licencier qn

kündigen : démissionner

die Kündigung (-en) : la démission, le licenciement

die Überstunde (-n) : l'heure supplémentaire

die Gewerkschaft (-en) : le syndicat. (En Allemagne, chaque secteur d'activité a un syndicat unique, à l'inverse de la France, où un syndicat peut couvrir plusieurs branches. En voici les principaux : *IG Metall* : métallurgie, *Vereinte Dienstleistungsgewerkschaft (Ver.di)* : services, *IG Bergbau, Chemie, Energie (IGBCE)* : mines, chimie, énergie, *IG Bauen – Agrar – Umwelt (IG BAU)* : construction, agriculture, environnement, *Gewerkschaft Nahrung – Genuss – Gaststätten (NGG)* : agro-alimentaire, hôtellerie, *Gewerkschaft der Eisenbahner Deutschlands (Transnet)* : cheminots, *Gewerkschaft Erziehung und Wissenschaft (GEW)* : éducation et science, *Gewerkschaft der Polizei (GdP)* : police)

der Deutsche Gewerkschaftsbund (DGB) : la Confédération allemande des syndicats (elle regroupe les 8 syndicats cités ci-dessus)

der Gewerkschaftler (-) : le syndicaliste

der Sozialpartner (-) : le partenaire social

der Tarifvertrag (-¨e) : la convention collective

verhandeln : négocier

die Verhandlung (-en) : la négociation

das Streikrecht : le droit de grève

für eine Lohnerhöhung / die Arbeitszeitverkürzung / bessere Arbeitsbedingungen streiken : faire grève pour une augmentation de salaire / la réduction du temps de travail / de meilleures conditions de travail

der Streikende (-n) : le gréviste

zum Streik auf/rufen (ie - u) : appeler à faire grève

der Demonstrant (-en, -en) : le manifestant

verlangen nach (+ dat.) / fordern nach (+ dat.) : revendiquer

LA SOCIÉTÉ DE CONSOMMATION / *DIE KONSUMGESELLSCHAFT*

▶ Minimum vital

konsumieren / verbrauchen : consommer

der Konsum / der Verbrauch : la consommation

D. L'économie / *die Wirtschaft*

der Konsument (-en, -en) / der Verbraucher (-) : le consommateur
der Preis (-e) : le prix
die Kaufkraft : le pouvoir d'achat
der Lebensstandard : le niveau de vie
der Kunde (-n, -n) : le client
kaufen : acheter
der Käufer (-) : l'acheteur

🕮 Ne pas confondre *kaufen* (acheter) et *verkaufen* (vendre) 🕮

ein/kaufen : faire les courses
die Einkäufe : les courses
teuer sein / viel kosten : être cher / coûter cher
billig / preiswert / günstig sein : être bon marché
Geld aus/geben (a – e) : dépenser de l'argent
an/bieten (o – o) : proposer
das Angebot an (+ dat.) : l'offre en
die Nachfrage nach (+ dat.) : la demande en
das Gesetz von Angebot und Nachfrage : la loi de l'offre et de la demande
das Marketing : le marketing
werben (a – o) für (+ acc.) : faire de la publicité pour
die Werbung (-en) : la publicité
das Bedürfnis (-se) : le besoin

▶ Pour approfondir

der Verbraucherverband (-¨e) : l'association de consommateurs
der Verbraucherschutz : la protection des consommateurs
der Pro-Kopf-Verbrauch : la consommation par habitant
die Konsumgüter : les biens de consommation
der Artikel (-) : l'article
der Schlussverkauf : les soldes
der Rabatt (-e) / die Ermäßigung (-en) : la réduction, la remise
bar zahlen : payer en liquide
das Schnäppchen : la bonne affaire
das Sonderangebot (-e) : l'offre spéciale
zum Kauf an/regen : inciter à acheter
die Zielgruppe (-n) : la clientèle cible
Bedürfnisse befriedigen : satisfaire des besoins

der Konsumerismus : le consumérisme
der Konsumkredit (-e) : le crédit à la consommation
die Schulde (-n) : la dette
sich verschulden : s'endetter
überschuldet sein : être endetté
verschwenden : gaspiller, gâcher
die Verschwendung : le gaspillage

LA CONJONCTURE / *DIE KONJUNKTUR*

▶ Minimum vital

die Wirtschaftslage : la situation économique
die Inflation : l'inflation
die Tendenz (-en) / der Trend (-s) : la tendance
das Gleichgewicht : l'équilibre
das Wachstum : la croissance
die Wachstumsrate : le taux de croissance
der Aufschwung : l'essor
die Depression : la dépression
die Rezession : la récession
die Krise (-n) : la crise
Verluste / Einbußen erleiden (i - i) : enregistrer des pertes
der Konkurs (-e) / der Bankrott / die Pleite (-n) : la faillite, la banqueroute
zusammen/brechen (a – o) : s'effondrer, s'écrouler
der Zusammenbruch (-¨e) : l'effondrement
Arbeitsplätze schaffen (u – a) / ab/bauen : créer / supprimer des emplois
stagnieren : stagner
die Stagnation : la stagnation
unterstützen : soutenir
die Unterstützung (-en) : le soutien
an/kurbeln : relancer
die Ankurbelung : la relance
kurzfristig / langfristig : à court terme, à long terme

⇒ Pour approfondir

die Fluktuationen / Schwankungen des Marktes : les fluctuations du marché
der Indikator (-en) : l'indicateur
die Inflationsrate (-n) : le taux d'inflation
der Zyklus (-en) : le cycle
boomen : boomer
der Boom : le boom
die Vollbeschäftigung : le plein emploi
ins Stocken geraten : s'essouffler, ralentir
der Verlust (-e) / die Einbuße (-n) : la perte
in der Krise stecken : être en crise
Konkurs (an)/melden : faire faillite, déposer le bilan
Bankrott / Pleite sein : faire faillite
die Flaute : le marasme, la période creuse
das Wirtschaftsförderungsprogramm : le programme de soutien à l'économie
der Impuls (-e) : l'impulsion
die Konjunkturerholung : la reprise de la conjoncture
die Rückkehr zum Normalzustand : le retour à la normale
die Krise bewältigen : maîtriser la crise

E. LES SCIENCES ET TECHNIQUES / *DIE WISSENSCHAFT UND DIE TECHNIK*

LES NOUVELLES TECHNOLOGIES / *DIE NEUEN TECHNOLOGIEN*

➡ **Minimum vital**

der Fortschritt (-e) : le progrès
der Computer (-) / der Rechner (-) : l'ordinateur
der Laptop (-s) : l'ordinateur portable
das Gerät (-e) : l'appareil
die Informatik : l'informatique
der Informatiker (-) : l'informaticien
das Internet : l'internet
im Internet : sur internet
im Internet surfen : surfer sur internet
die Website (-s) : le site internet
die E-Mail (-s) : l'e-mail
schicken : envoyer
bekommen (a – o) : recevoir
die Nachricht (-en) : le message
herunter/laden (u – a) : télécharger
das Handy (-s) / das Mobiltelefon (-e) : le téléphone portable

➡ **Pour approfondir**

die EDV (Elektronische Datenverarbeitung) : l'informatique
den Computer an/schalten / aus/schalten : allumer / éteindre l'ordinateur
der Bildschirm (-e) : l'écran
die Maus (-¨e) : la souris
die Tastatur : le clavier
das Kabel : le câble
die Software : le logiciel
der USB-Stick (-s) : la clé USB
die Taste (-n) : la touche

E. Les sciences et techniques / *die Wissenschaft und die Technik*

eine Taste drücken : appuyer sur une touche
klicken auf (+ acc.) : cliquer sur
tippen : écrire à la machine ou à l'ordinateur
drucken : imprimer
der Drucker (-) : l'imprimante
speichern : enregistrer, sauvegarder
der Speicher (-) : la mémoire
löschen : effacer
programmieren : programmer
das Programm (-e) : le programme
konfigurieren / ein/stellen : configurer
die Einstellung (-en) : la configuration
ab/stürzen : planter
das Virus (-en) : le virus
die Daten (pl) : les données
die Datei (-en) : le fichier

der Internetzugang / der Internetanschluss : l'accès internet
online sein : être en ligne
sich ein/loggen : se connecter
sich aus/loggen : se déconnecter
das Log-in : le log-in
das Passwort (-¨er) / das Kennwort (-¨er) : le mot de passe
ein Passwort ein/geben : entrer un mot de passe
die Suchmaschine (-n) : le moteur de recherche
digital : numérique
die virtuelle Welt : le monde virtuel

das Telefonat (-e) : la conversation téléphonique, l'appel
der Anrufbeantworter (-) : le répondeur
die Mailbox : la boîte vocale
eine Nachricht hinterlassen (ie – a) : laisser un message
das Handy-Abo (-s) : le forfait
die Handynummer (-n) : le numéro de portable
der Handygebrauch : l'utilisation du portable
der Handynutzer (-) : l'utilisateur de téléphone portable
das Zubehör (sg.) : les accessoires
ausgestattet sein mit (+ dat.) : être équipé de
die Anwendung (-en) : l'application

die Handystrahlung : les ondes des téléphones portables
erreichbar sein : être joignable

Les enjeux et défis des nouvelles technologies / *Die Herausforderungen der neuen Technologien*

▶ Minimum vital

aus/tauschen : échanger
der Austausch (-e) : l'échange
mit jm Kontakt auf/nehmen (a – o) : prendre contact avec qn
in Kontakt sein / bleiben (ie – ie) : être / rester en contact
das soziale Netzwerk (-e) : le réseau social
Informationen ins Internet stellen : mettre des informations sur internet
der Eingriff in die Privatsphäre / in die Intimität : l'intrusion dans la sphère privée, dans l'intimité
jm schaden : nuire à qn
computersüchtig sein / vom Computer abhängig sein : être accro, dépendant à l'ordinateur
die Sicherheit : la sécurité
schützen : protéger
der Datenschutz : la protection des données

▶ Pour approfondir

Dienste leisten : rendre des services
die Telearbeit / die Heimarbeit : le télétravail
von zu Hause arbeiten : travailler de chez soi
online shoppen : faire des courses en ligne
chatten : chatter
das Forum (-en) : le forum
bloggen : bloguer
das Blog (-s) : le blog
der Voyeurismus : le voyeurisme
zur Schau stellen : exhiber, étaler
das Computerspiel (-e) : le jeu sur ordinateur
das Netzwerkspiel (-e) : le jeu en réseau

E. Les sciences et techniques / *die Wissenschaft und die Technik*

die Spielsucht : l'addiction au jeu
wetten : parier
die Wette (-n) : le pari
sich von der Außenwelt ab/kapseln : se couper du monde extérieur
die Cyberkriminalität : la cybercriminalité
der Hacker (-) : le pirate
knacken : craquer
der Datenklau : le vol de données
der Betrug : l'arnaque, la fraude
die Fälschung : la contrefaçon
die Pädophilie / die Kinderschändung : la pédophilie

F. L'ENVIRONNEMENT / *DIE UMWELT*

LA POLLUTION ET LES NUISANCES ÉCOLOGIQUES / *DIE UMWELTVERSCHMUTZUNG UND DIE UMWELTSCHÄDEN*

▸ Minimum vital

umweltfeindlich / umweltschädlich sein : être nuisible à l'environnement
schaden (+ dat.) : nuire
der Schaden (-¨) : la nuisance
schädlich sein : être nuisible à
verschmutzen : polluer
die Verschmutzung (-en) : la pollution
zerstören : détruire
die Zerstörung (-en) : la destruction
bedrohen : menacer
die Bedrohung (-en) : la menace
gefährden : mettre en danger
die Gefahr (-en) : le danger
der Müll : les déchets
die CO2 Emission (-en) / der CO_2-Ausstoß (-¨e) : l'émission de CO_2
aus/stoßen (ie – o) : émettre
das Kohlendioxyd / das CO_2 : le dioxyde de carbone, le CO_2
die Abgase : les gaz d'échappement
der Treibhauseffekt : l'effet de serre

▸ Pour approfondir

verseuchen : contaminer
die Verseuchung (-en) : la contamination
die Schadstoffemissionen : les émissions de substances nuisibles
die Chemikalien : les produits chimiques
das Ozon : l'ozone
die Ozonschicht : la couche d'ozone
das Ozonloch (-¨er) : le trou dans la couche d'ozone
das Grundwasser : la nappe phréatique

der saure Regen : les pluies acides
die Ölpest : la marée noire
das Waldsterben : le dépérissement des forêts
ab/holzen : déforester
die Abholzung : la déforestation
aus/sterben (a – o) : disparaître, s'éteindre (espèces...)
das Aussterben : l'extinction

LE CHANGEMENT CLIMATIQUE / *DER KLIMAWANDEL*

▶ Minimum vital

das Klima : le climat
die Klimaerwärmung / die Erderwärmung : le réchauffement climatique / de la terre
wandeln : changer
der Grund für (+ acc.) : la cause de
verursachen : provoquer
aus/lösen : déclencher
die Auswirkung (-en) / die Folge (-n) : la répercussion, la conséquence
sich aus/wirken auf (+ acc.) / Auswirkungen auf (+ acc.) haben : avoir des répercussions sur
zur Folge haben : avoir pour conséquence
die Naturkatastrophe (-n) : la catastrophe naturelle

▶ Pour approfondir

die globale Erwärmung : le réchauffement global
der Meeresspiegel : le niveau de la mer
die Erhöhung des Meeresspiegels : l'élévation du niveau de la mer
das Schmelzen der Gletscher : la fonte des glaciers
der Temperaturanstieg : la hausse des températures
(an)/steigen (ie – ie) : monter, augmenter
die Prognose (-n) : la prévision
das Erdbeben (-) : le tremblement de terre
das Hochwasser : l'inondation
überschwemmen : inonder

die Überschwemmung (-en) : l'inondation
der Tsunami (-s) : le raz-de-marée, le tsunami
das Gewitter (-) : l'orage
der Sturm (-¨e) : la tempête
der Orkan (-e) : l'ouragan
der Zyklon (-e) : le cyclone
der Vulkanausbruch (-¨e) : l'éruption volcanique
der Brand (-¨e) : l'incendie
die Dürre (-n) : la sécheresse
Schäden verursachen / an/richten : provoquer des dégâts
Opfer fordern : faire des victimes

LA PROTECTION DE L'ENVIRONNEMENT ET LE DÉVELOPPEMENT DURABLE / *DER UMWELTSCHUTZ UND DIE NACHHALTIGE ENTWICKLUNG*

▶ Minimum vital

klimafreundlich / ökologisch sein : être écologique
kämpfen für (+ acc.) / gegen (+ acc.) : combattre, lutter pour / contre
der Kampf für / der Kampf gegen : la lutte pour / contre
schützen vor (+ dat.) : protéger de
der Schutz : la protection
bewahren vor (+ dat.) : préserver (de)
schonen : préserver, ménager
vermeiden (ie – ie) : éviter, empêcher
auf die Umwelt Rücksicht nehmen : faire attention à l'environnement
retten (vor+ dat.) : sauver (de)
die Rettung : le sauvetage
ersetzen : remplacer
das Öl : le pétrole
das Gas : le gaz
das Atomkraftwerk (-e) : la centrale nucléaire
der Rohstoff (-e) : la matière première
der Ausstieg aus der Atomenergie : la sortie du nucléaire
die erneuerbaren Energien : les énergies renouvelables
die Sonnenenergie : l'énergie solaire

F. L'environnement/ *die Umwelt*

die Solaranlage (-n) : l'installation solaire
die Windenergie : l'énergie éolienne
das Windrad (-¨er) / die Windkraftanlage (-n) : l'éolienne
der Strom : le courant, l'électricité
der Ökotourismus : le tourisme durable, l'écotourisme
recyceln : recycler (prononcer à l'anglaise)
das Recycling : le recyclage
nachhaltig : durable
die Biodiversität / die biologische Vielfalt : la biodiversité

▶ **Pour approfondir**

der Umweltschützer (-) : l'écologiste
der Weltklimarat IPCC (Intergovernmental Panel on Climate Change) : le GIEC (groupe d'experts intergouvernemental sur l'évolution du climat)
der Klimagipfel : le sommet sur le climat
die Klimakonferenz : la conférence sur le climat
das Kyoto-Protokoll : le protocole de Kyoto
verhandeln : négocier
die Verhandlung (-en) : la négociation
sich verpflichten zu (+ dat.) : s'engager à
die Verpflichtung zu (+ dat.) : l'engagement à
das Abkommen (-) : l'accord
die Senkung des Ausstoßes von Treibhausgasen : la réduction des émissions de gaz à effet de serre
die Energiequelle (-n) : la source d'énergie
die fossilen Energieträger (das Erdöl, die Kohle, das Gas) : les combustibles fossiles (le pétrole, le charbon, le gaz)
die Wasserkraft : l'énergie hydraulique
die Photovoltaikanlage (-n) : l'installation photovoltaïque
das solarthermische Kraftwerk (-e) : la centrale solaire thermodynamique
die Geothermie : la géothermie
der Windpark : le parc éolien, la ferme éolienne
die Biomasse : la biomasse
nachhaltig reisen : faire du tourisme durable
der Abfall (-¨e) : le déchet

den Müll sammeln / entsorgen / sortieren : collecter / évacuer / trier les déchets
die Verpackung (-en) : l'emballage

G. Les relations internationales / *die internationalen Beziehungen*

La mondialisation / *die Globalisierung*

▶ **Minimum vital**

die Marktwirtschaft : l'économie de marché
der Wettbewerb / die Konkurrenz : la concurrence
der Konkurrent (-en, -en) : le concurrent
wettbewerbsfähig sein : être concurrentiel
die Wettbewerbsfähigkeit : le fait d'être concurrentiel
die Produktivität / die Leistungsfähigkeit : la productivité
rentabel sein : être rentable
die Rentabilität : la rentabilité
verlagern (in + acc.) : délocaliser (vers, dans)
die Verlagerung in (+ acc.) : la délocalisation
der Produktionsstandort (-e) : le lieu de production
importieren : importer
der Import (-e) : l'importation
exportieren : exporter
der Export (-e) : l'exportation
die entwickelten Länder : les pays développés
die Industrieländer : les pays industrialisés
die Schwellenländer : les pays émergents
die Entwicklungsländer : les pays en voie de développement
die Dritte Welt : le Tiers-Monde
die Armut : la pauvreté
das Elend : la misère
der Wohlstand : la richesse, la prospérité
aus/beuten : exploiter
die Ausbeutung : l'exploitation
die Kinderarbeit : le travail des enfants
der faire Handel : le commerce équitable
die nachhaltige Entwicklung : le développement durable

Pour approfondir

der Freihandel : le libre-échange
leistungsfähig sein : être performant
die Lohnkosten reduzieren : réduire les coûts salariaux
die Unterentwicklung : le sous-développement
die Entwicklungshilfe (-n) : l'aide au développement
die Billiglohnländer : les pays à bas coûts
das Nord-Süd-Gefälle : les disparités Nord-Sud
der Mikrokredit : le microcrédit

LA GUERRE, LA PAIX ET LES DROITS DE L'HOMME / *DER KRIEG, DER FRIEDEN UND DIE MENSCHENRECHTE*

Minimum vital

der Feind (-e) : l'ennemi
der Konflikt (-e) : le conflit
den Krieg führen : faire la guerre
die Armee / das Heer / das Militär : l'armée
die Bundeswehr : l'armée fédérale
der Wehrdienst : le service militaire
der Soldat (-en, -en) : le soldat
der Einsatz (-¨e) : l'intervention, l'opération militaire
an/greifen (i – i) : attaquer
der Angriff : l'attaque, l'agression
(sich) verteidigen : (se) défendre
die Verteidigung : la défense
schützen : protéger
der Schutz : la protection
kämpfen : combattre
der Kampf (-¨e) : le combat
besetzen : occuper
die Besetzung : l'occupation
zerstören : détruire
die Zerstörung (-en) : la destruction
siegen : vaincre

G. Les relations internationales / die internationalen Beziehungen

der Sieg (-e) : la victoire
besiegt werden : être vaincu
die Niederlage (-n) : la défaite
verhandeln : négocier
die Verhandlung (-en) : la négociation
Frieden schließen (o – o) : faire la paix
das Verbrechen gegen die Menschlichkeit : le crime contre l'humanité
der Völkermord (-e) : le génocide

➨ Pour approfondir

der Erbfeind (-e) : l'ennemi héréditaire
den Krieg erklären : déclarer la guerre
die Kriegserklärung : la déclaration de guerre
der Kriegsausbruch : le déclenchement de la guerre
die Streitkräfte : les forces armées
die Truppe (-n) : la troupe
ein/greifen (i – i) : intervenir
verheeren : dévaster
die Besatzungstruppen : les troupes d'occupation
der Gefangene (-n) : le prisonnier
das Opfer (-) : la victime
die Waffe (-n) : l'arme
das Kriegsverbrechen : le crime de guerre
gegen die Menschenrechte verstoßen (ie – o) : enfreindre les droits de l'homme
die Vereinten Nationen : les Nations unies
der Sicherheitsrat der Vereinten Nationen : le conseil de sécurité des Nations Unies
die NATO : l'OTAN

den Frieden erhalten (i – a) : maintenir la paix
die Friedenskonferenz : la conférence de paix
die Friedenstruppen : les forces de maintien de la paix
die Blauhelm-Soldaten : les casques bleus

der Waffenstillstand : l'armistice
die Nachkriegszeit : l'après-guerre
der Wiederaufbau : la reconstruction

urteilen : juger
das Urteil (-e) : le jugement
das Strafgericht (-e) : le tribunal correctionnel
der internationale Strafgerichtshof : la cour pénale internationale
das Völkerrecht : le droit international

LE TERRORISME / *DER TERRORISMUS*

der Anschlag (-¨e) / das Attentat (-e) : l'attentat
der Terroranschlag (-¨e) : l'attaque terroriste
das Selbstmordattentat (-e) : l'attentat suicide
der Attentäter (-) : l'auteur d'un attentat
der Terrorist (-en, -en) : le terroriste
ein Attentat vereiteln : déjouer un attentat
töten : tuer
Opfer fordern : faire des victimes
Tote verursachen : faire des morts
in die Luft sprengen / explodieren lassen : faire exploser
sich zu einem Attentat bekennen (a – a) : revendiquer un attentat
die Bekennung (-en) : la revendication
der Islamist (-en, -en) : l'islamiste

H. L'HISTOIRE / *DIE GESCHICHTE*

L'ALLEMAGNE JUSQU'EN 1945 / *DEUTSCHLAND BIS 1945*

das Jahrzehnt (-e) : le siècle
das Jahrtausend (-e) : le millénaire
das Heilige Römische Reich deutscher Nation : le Saint Empire romain germanique
das Mittelalter : le Moyen Âge
die Renaissance : la Renaissance
die Reformation : la Réforme
die Aufklärung : les Lumières
der Deutsch-Französische Krieg : la guerre de 1870
das Elsass : l'Alsace
Lothringen : la Lorraine
das Deutsche Kaiserreich : l'Empire allemand (1871-1918)
ab/danken : abdiquer
der Erste Weltkrieg : la Première Guerre mondiale
der Versailler Vertrag : le traité de Versailles
die Weimarer Republik : la république de Weimar (1919-1933)
die NSDAP (die Nationalsozialistische deutsche Arbeiterpartei) : le parti nazi
der Nationalsozialismus / der Nazismus : le national-socialisme, le nazisme
der Nazi (-s) : le nazi
der Zweite Weltkrieg : la Deuxième Guerre mondiale
der Völkermord : le génocide
der Jude (-n, -n) : le Juif
deportieren : déporter
die Deportation : la déportation
der Deportierte (-n) : le déporté
das Konzentrationslager (-) / das KZ-Lager : le camp de concentration
der Häftling (-e) : le détenu
vernichten : anéantir
die Vernichtung : l'anéantissement

DE 1945 À 1989 / VON 1945 BIS 1989

die Alliierten : les Alliés
besetzen : occuper
die Besatzungszone (-n) : la zone d'occupation
teilen in (+ acc.) : partager en
die Teilung in (+ acc.) : le partage en
der Kalte Krieg : la guerre froide
der Ostblock : le bloc de l'Est
der Eiserne Vorhang : le rideau de fer
die Bundesrepublik Deutschland (die BRD) : la République fédérale d'Allemagne (partie occidentale de l'Allemagne de 1949 à 1990 et actuel nom de l'Allemagne)
der Wiederaufbau : la reconstruction
das Wirtschaftswunder : le miracle économique (le mot désigne la période de prospérité d'après-guerre, essentiellement dans les années 50 et 60)
die soziale Marktwirtschaft : l'économie sociale de marché
die Deutsche Demokratische Republik (die DDR) : la République démocratique allemande (de 1949 à 1990)
zu DDR-Zeiten : à l'époque de la RDA
die Berliner Mauer : le mur de Berlin (1961-1989)
fliehen (o – o) : fuir
die Flucht : la fuite
der Flüchtling (-e) : le réfugié

DE 1989 À NOS JOURS / VON 1989 BIS JETZT

der Fall der Berliner Mauer : la chute du mur de Berlin
die Wende : le tournant (mot désignant la période qui suit la chute du mur)
die Wiedervereinigung : la réunification
die 5 neuen Bundesländer : les 5 nouveaux länder (*Brandenburg* : le Brandebourg, *Mecklenburg-Vorpommern* : le Mecklembourg, *Sachsen* : la Saxe, *Sachsen-Anhalt* : la Saxe Anhalt, *Thüringen* : la Thuringe)
der Ossi (-s) : l'ex-habitant de la RDA (mot familier)

der Wessi (-s) : l'ex-habitant de la RFA (mot familier)

der Aufbau Ost : la reconstruction de l'Est (l'expression désigne tout le processus de mise à niveau des nouveaux länder depuis 1990)

der Solidaritätszuschlag (der Soli) : l'impôt de solidarité (prélevé à l'Ouest pour financer la reconstruction de l'Est depuis la réunification)

die Transferleistungen : les transferts (d'argent de l'Ouest vers l'Est pour dynamiser l'économie de l'Est)

I. LA GÉOGRAPHIE / *DIE GEOGRAPHIE*

GÉNÉRALITÉS / *ALLGEMEINES*

▶ Minimum vital

die Welt : le monde
die Erde : la terre
der Norden : le Nord
der Süden : le Sud
der Osten : l'Est
der Westen : l'Ouest
die See (-n) : la mer
der See (-n) : le lac
das Meer (-e) : la mer
der Ozean (-e) : l'océan
der Berg (-e) : la montagne
der Fluss (-¨e) : le fleuve
die Insel (-n) : l'île
der Kontinent (-e) : le continent

▶ Pour approfondir

die Ostsee : la Baltique
die Nordsee : la mer du Nord
der Bodensee : le lac de Constance
der Genfer See : le lac Léman / de Genève
das Mittelmeer : la Méditerranée
das Rote Meer : la mer Rouge
das Schwarze Meer : la mer Noire
das Tote Meer : la mer Morte
der Atlantik : l'Atlantique
der Pazifik : l'océan Pacifique
der Indische Ozean : l'océan Indien

die Alpen : les Alpes
die Vogesen : les Vosges

die Pyrenäen : les Pyrénées
das Zentralmassiv : le massif central
die Anden : les Andes
der Himalaya : l'Himalaya
das Matterhorn : le Cervin

die Donau : le Danube
der Rhein : le Rhin
die Oder : l'Oder
die Elbe : l'Elbe

Korsika : la Corse
Sardinien : la Sardaigne
Sizilien : la Sicile
Kreta : la Crète

Pays européens / *Europäische Länder*

Attention !

✒ Pour dire sa nationalité, on n'utilise pas un adjectif, mais un nom. ✒

Ex : *ich bin Deutscher, ich bin Deutsche* : je suis Allemand, je suis Allemande

Ex : *ich bin Franzose, ich bin Französin* : je suis Français, je suis Française

✒ En aucun cas on ne peut dire : *ich bin französisch*, ou *ich bin deutsch*. ✒

Remarque : la date entre parenthèses est celle de l'entrée dans l'UE
Rappel : la nationalité au féminin :
    Nom masculin en -er → -erin (*der Italiener, die Italienerin*...)
    Nom masculin en -e → -in (*der Däne, die Dänin*...)

Europa, der Europäer (-), europäisch : l'Europe, l'Européen, européen
die Europäische Union (die EU) : l'Union européenne (l'UE)
Belgien (1957), der Belgier (-), belgisch : la Belgique, le Belge, belge
Deutschland (1957), der Deutsche (-n), die Deutsche (-n), deutsch :
    l'Allemagne, l'Allemand, l'Allemande, allemand
Frankreich (1957), der Franzose (-n, -n), französisch : la France, le Français, français

Italien (1957), der Italiener (-), italienisch : l'Italie, l'Italien, italien

Luxemburg (1957), der Luxemburger (-), luxemburgisch : le Luxembourg, le Luxembourgeois, luxembourgeois

die Niederlande (1957), der Niederländer (-), niederländisch : les Pays-Bas, le Néerlandais, néerlandais

Holland (1957), der Holländer (-), holländisch : la Hollande, le Hollandais, hollandais

Großbritannien (1973), der Brite (-n, -n), britisch : la Grande-Bretagne, le Britannique, britannique

das Vereinigte Königreich (mit Nordirland) : le Royaume-Uni

England, der Engländer (-), englisch : l'Angleterre, l'Anglais, anglais

Schottland, der Schotte (-n, -n), schottisch : l'Ecosse, l'Ecossais, écossais

Wales, der Waliser (-n), walisich : le Pays de Galles, le Gallois, gallois

Irland, der Ire (-n, -n), irisch : l'Irlande, l'Irlandais, irlandais

Dänemark (1973), der Däne (-n, -n), dänisch : le Danemark, le Danois, danois

Griechenland (1981), der Grieche (-n, -n), griechisch : la Grèce, le Grec, grec

Portugal (1986), der Portugiese (-n, -n), portugiesisch : le Portugal, le Portugais, portugais

Spanien (1986), der Spanier (-), spanisch : l'Espagne, l'Espagnol, espagnol

Finnland (1995), der Finne (-n, -n), finnisch : la Finlande, le Finlandais, finnois

Österreich (1995), der Österreicher (-), österreichisch : l'Autriche, l'Autrichien, autrichien

Schweden (1995), der Schwede (-n, -n), schwedisch : la Suède, le Suédois, suédois

die Baltischen Staaten : les Pays baltes

Estland (2004), der Estländer (-), estländisch : l'Estonie, l'Estonie, estonien

Lettland (2004), der Lette (-n, -n), lettisch : la Lettonie, le Letton, letton

Litauen (2004), der Litauner (-), litauisch : la Lituanie, le Lituanien, lituanien

Polen (2004), der Pole (-n, -n), polnisch : la Pologne, le Polonais, polonais

Tschechien (2004), der Tscheche (-n, -n,) tschechisch : la Tchéquie, le Tchèque, tchèque

Slowenien (2004), der Slowene (-n, -n), slowenisch : la Slovénie, le Slovène, slovène

die Slowakei (2004), der Slowake (-n, -n), slowakisch : la Slovaquie, le Slovaque, slovaque

Ungarn (2004), der Ungar (-n, -n), ungarisch : la Hongrie, le Hongrois, hongrois

Malta (2004), der Malteser (-), maltesisch : Malte, le Maltais, maltais

Zypern (2004), der Zypriote (-n, -n), zyprisch : Chypre, le Chypriote, chypriote

Bulgarien (2007), der Bulgare (-n, -n), bulgarisch : la Bulgarie, le Bulgare, bulgare

Rumänien (2007), der Rumäne (-n, -n), rumänisch : la Roumanie, le Roumain, roumain

Albanien, der Albaner (-), albanisch : l'Albanie, l'Albanais, albanais

Kroatien, der Kroate (-n, -n), kroatisch : la Croatie, le Croate, croate

Serbien, der Serbe (-n, -n), serbisch : la Serbie, le Serbe, serbe

die Türkei, der Türke (-n, -n), türkisch : la Turquie, le Turc, turc

Island, der Isländer (-), isländisch : l'Islande, l'Islandais, islandais

Norwegen, der Norweger (-), norwegisch : la Norvège, le Norvégien, norvégien

Russland, der Russe (-n, -n), russisch : la Russie, le Russe, russe

die Schweiz, der Schweizer (-), schweizerisch : la Suisse, le Suisse, suisse

L'AMÉRIQUE / *AMERIKA*

Nordamerika : l'Amérique du Nord

der Amerikaner (-), amerikanisch : l'Américain, américain

Kanada, der Kanadier (-), kanadisch : le Canada, le Canadien, canadien

die USA / die Vereinigten Staaten : les Etats-Unis

Mexiko, der Mexikaner (-), mexikanisch : le Mexique, le Mexicain, mexicain

Zentralamerika : l'Amérique centrale

Südamerika : l'Amérique du Sud

Argentinien, der Argentinier (-), argentinisch : l'Argentine, l'Argentin, argentin

Brasilien, der Brasilianer (-), brasilianisch : le Brésil, le Brésilien, brésilien

Chile, der Chilene (-n, -n), chilenisch : le Chili, le Chilien, chilien

Kolumbien, der Kolumbianer (-), kolumbianisch : la Colombie, le Colombien, colombien

Peru, der Peruaner (-), peruanisch : le Pérou, le Péruvien, péruvien

Venezuela, der Venezueler (-), venezuelisch : le Vénézuela, le Vénézuélien, vénézuélien

L'AFRIQUE / *AFRIKA*

Nordafrika : l'Afrique du Nord

der Maghreb : le Maghreb

Algerien, der Algerier (-), algerisch : l'Algérie, l'Algérien, algérien

Marokko, der Marokkaner (-), marokkanisch : le Maroc, le Marocain, marocain

Tunesien, der Tunesier (-), tunesisch : la Tunisie, le Tunisien, tunisien

Ägypten, der Ägypter (-), ägyptisch : l'Egypte, l'Egyptien, égyptien

Libyen, der Libyer (-), libysch : la Libye, le Libyen, libyen

Schwarzafrika / Subsahara-Afrika : l'Afrique noire, l'Afrique subsaharienne

die Elfenbeinküste, der Ivorer (-), ivorisch : la Côte d'Ivoire, l'Ivoirien, ivoirien

Kamerun, der Kameruner (-), kamerunisch : le Cameroun, le Camerounais, camerounais (ancienne colonie allemande)

Togo, der Togolese (-n, -n), togolesisch : le Togo, le Togolais, togolais (ancienne colonie allemande)

Namibia, der Namibier (-), namibisch : la Namibie, le Namibien, namibien (ancienne colonie allemande)

Südafrika, der Südafrikaner (-), südafrikanisch : l'Afrique du Sud, le Sud-Africain, sud-africain.

L'ASIE / *ASIEN*

der Nahe Osten : le Proche-Orient (dit aussi Moyen-Orient)

Saudi-Arabien, der Saudi-Arabier (-), saudi-arabisch : l'Arabie saoudite, le Saoudien, saoudien

Israel, der Israeli (-s), israelisch : Israël, l'Israélien, israélien

I. La géographie / *die Geographie*

der Gazastreifen, der Einwohner des Gazastreifens : la bande de Gaza, l'habitant de la bande de Gaza
Palästina, der Palästinenser (-), palästinensisch : la Palestine, le Palestinien, palestinien
Jordanien, der Jordanier (-), jordanisch : la Jordanie, le Jordanien, jordanien
der Libanon, der Libanese (-n, -n), libanesisch : le Liban, le Libanais, libanais
Syrien, der Syrer (-), syrisch : la Syrie, le Syrien, syrien
der Iran, der Iraner (-), iranisch : l'Iran, l'Iranien, iranien
der Irak, der Iraker (-), irakisch : l'Irak, l'Irakien, irakien

Südasien : le sous-continent indien
Afghanistan, der Afghane (-n, -n), afghanisch : l'Afghanistan, l'Afghan, afghan
Indien, der Inder (-), indisch : l'Inde, l'Indien, indien

☞ Attention ! *der Indianer (-)* désigne l'Indien d'Amérique ! ☜

Pakistan, der Pakistaner (-), pakistanisch : le Pakistan, le Pakistanais, pakistanais

der Ferne Osten : l'extrême-Orient
China, der Chinese (-n, -n), chinesisch : la Chine, le Chinois, chinois
Japan, der Japaner (-), japanisch : le Japon, le Japonais, japonais
Kambodscha, der Kambodschaner (-), kambodschanisch : le Cambodge, le Cambodgien, cambodgien
Korea (Nord- und Süd-), der Koreaner (-), koreanisch : la Corée, le Coréen, coréen
Thailand, der Thailänder (-), thailändisch : la Thaïlande, le Thaïlandais, thaïlandais
Vietnam, der Vietnamese (-n, -n), vietnamesisch : le Vietnam, le Vietnamien, vietnamien

L'OCÉANIE / *OZEANIEN*

Australien, der Australier (-), australisch : l'Australie, l'Australien, australien
Neuseeland, der Neuseeländer (-), neuseeländisch : la Nouvelle-Zélande, le Néo-Zélandais, néo-zélandais

ANNEXES

ANNEXE 1 – CONJUGAISONS

■ Indicatif des auxiliaires et des verbes faibles / forts

	SEIN	HABEN	WERDEN	VERBES FAIBLES	VERBES FORTS
PRÉSENT	ich bin du bist er ist wir sind ihr seid sie sind	ich habe du hast er hat wir haben ihr habt sie haben	ich werde du wirst er wird wir werden ihr werdet sie werden	ich mache du mach**st** er mach**t** wir mach**en** ihr mach**t** sie mach**en**	ich komm**e** du komm**st** er komm**t** wir komm**en** ihr komm**t** wie komm**en**
PRETERIT	ich war du warst er war wir waren ihr wart sie waren	ich hatte du hattest er hatte wir hatten ihr hattet sie hatten	ich wurde du wurdest er wurde wir wurden ihr wurdet sie wurden	ich mach**te** du mach**test** er mach**te** wir mach**ten** ihr mach**tet** sie mach**ten**	ich kam du kam**st** er kam wir kam**en** ihr kam**t** sie kam**en**
PARFAIT	ich bin gewesen	ich habe gehabt	ich bin geworden	ich habe **ge**mach**t**	ich bin **ge**komm**en**
PLUS QUE PARFAIT	ich war gewesen	ich hatte gehabt	ich war geworden	ich hatte gemacht	ich war gekommen
FUTUR	ich werde sein	ich werde haben	ich werde werden	ich werde machen	ich werde kommen

Annexe 1 – Conjugaisons

▸ Indicatif des verbes de modalité

	KÖNNEN	DÜRFEN	MÜSSEN
PRÉSENT	ich kann du kannst er kann wir können ihr könnt sie können	ich darf du darfst er darf wir dürfen ihr dürft sie dürfen	ich muss du musst er muss wir müssen ihr müsst sie müssen
PRETERIT	ich konnte du konntest er konnte wir konnten ihr konntet sie konnten	ich durfte du durftest er durfte wir durften ihr durftet sie durften	ich musste du musstest er musste wir mussten ihr musstet sie mussten
PARFAIT	ich habe gekonnt	ich habe gedurft	ich habe gemusst
PLUS QUE PARFAIT	ich hatte gekonnt	ich hatte gedurft	ich hatte gemusst
FUTUR	ich werde können	ich werde dürfen	ich werde müssen

	SOLLEN	MÖGEN	WOLLEN
PRÉSENT	ich soll du sollst er soll wir sollen ihr sollt sie sollen	ich mag du magst er mag wir mögen ihr mögt sie mögen	ich will du willst er will wir wollen ihr wollt sie wollen
PRETERIT	ich sollte du solltest er sollte wir sollten ihr solltet sie sollten	ich mochte du mochtest er mochte wir mochten ihr mochtet sie mochten	ich wollte du wolltest er wollte wir wollten ihr wolltet sie wollten
PARFAIT	ich habe gesollt	ich habe gemocht	ich habe gewollt
PLUS QUE PARFAIT	ich hatte gesollt	ich hatte gemocht	ich hatte gewollt
FUTUR	ich werde sollen	ich werde mögen	ich werde wollen

▶ Subjonctif 1 des auxiliaires et des verbes faibles / forts (Discours rapporté)

	SEIN	**HABEN**	**WERDEN**
PRÉSENT	ich sei du sei(e)st er sei wir seien ihr sei(e)t sie seien	ich habe du habest er habe wir haben ihr habet sie haben	ich werde du werdest er werde wir werden ihr werdet sie werden
PASSE	ich sei gewesen	ich habe gehabt	ich sei geworden
FUTUR	ich werde sein	ich werde haben	ich werde werden

	VERBES FAIBLES	**VERBES FORTS**	**VERBES DE MODALITÉ**
PRÉSENT	ich mache du machest er mache wir machen ihr machet sie machen	ich komme du kommest er komme wir kommen ihr kommet sie kommen	ich könne du könnest er könne wir können ihr könnet sie können
PASSE	ich habe gemacht	ich sei gekommen	ich habe gekonnt
FUTUR	ich werde machen	ich werde kommen	ich werde können

Annexe 1 – Conjugaisons

▶ Subjonctif 2 des auxiliaires et des verbes faibles / forts (Souhait – irréel)

	SEIN	*HABEN*	*WERDEN*	*VERBES FAIBLES*	*VERBES FORTS*
PRÉSENT	*ich wäre* *du wärest* *er wäre* *wir wären* *ihr wäret* *sie wären*	*ich hätte* *du hättest* *er hätte* *wir hätten* *ihr hättet* *sie hätten*	*ich würde* *du würdest* *er würde* *wir würden* *ihr würdet* *sie würden*	*ich mach**te*** *du mach**test*** *er mach**te*** *wir mach**ten*** *ihr mach**tet*** *sie mach**ten*** <u>ou</u> *ich würde machen (forme de substitution)*	*ich käm**e*** *du käm**est*** *er käm**e*** *wir käm**en*** *ihr käm**et*** *wie käm**en*** <u>ou</u> *ich würde kommen (forme de substitution)*
PASSE	*ich wäre gewesen*	*ich hätte gehabt*	*ich wäre geworden*	*ich hätte gemacht*	*ich wäre gekommen*
FUTUR	*ich würde sein*	*ich würde haben*	*ich würde werden*	*ich würde machen*	*ich würde kommen*

▶ subjonctif 2 (présent) des verbes de modalité

KÖNNEN	*DÜRFEN*	*MÜSSEN*	*SOLLEN*	*MÖGEN*	*WOLLEN*
ich könnte *du könntest* *er könnte* *wir könnten* *ihr könntet* *sie könnten*	*ich dürfte* *du dürfest* *er dürfte* *wir dürften* *ihr dürftet* *sie dürften*	*ich müsste* *du müsstest* *er müsste* *wir müssten* *ihr müsstet* *sie müssten*	*ich sollte* *du solltest* *er sollte* *wir sollten* *ihr solltet* *sie sollten*	*ich möchte* *du möchtest* *er möchte* *wir möchten* *ihr möchtet* *sie möchten*	*ich wollte* *du wolltest* *er wollte* *wir wollten* *ihr wolltet* *sie wollten*

ANNEXE 2 – LISTE DES PRINCIPAUX VERBES IRRÉGULIERS

Verbes forts

Certains verbes ci-dessous prennent l'auxiliaire *sein* au parfait lorsqu'ils sont intransitifs (sans complément) et *haben* lorsqu'ils sont transitifs (avec complément).

INFINITIF	PRÉSENT	PRÉTÉRIT	PARFAIT	TRADUCTION
backen	er bäckt	er buk / backte	er hat gebacken	cuire
befehlen	er befiehlt	er befahl	er hat befohlen	ordonner
beginnen	er beginnt	er begann	er hat begonnen	commencer
beißen	er beißt	er biss	er hat gebissen	mordre
bergen	er birgt	er barg	er hat geborgen	cacher
bewegen	er bewegt	er bewog	er hat bewogen	inciter à
biegen	er biegt	er bog	er ist / hat gebogen	tourner, plier
bieten	er bietet	er bot	er hat geboten	offrir, proposer
binden	er bindet	er band	er hat gebunden	nouer, lier
bitten	er bittet	er bat	er hat gebeten	demander, prier
bleiben	er bleibt	er blieb	er ist geblieben	rester
brechen	er bricht	er brach	er hat gebrochen	casser
dringen	er dringt	er drang	er ist gedrungen	pénétrer
empfehlen	er empfiehlt	er empfahl	er hat empfohlen	recommander
erwägen	er erwägt	er erwog	er hat erwogen	réfléchir
essen	er isst	er aß	er hat gegessen	manger
fahren	er fährt	er fuhr	er ist / hat gefahren	rouler, aller, conduire
fallen	er fällt	er fiel	er ist gefallen	tomber
fangen	er fängt	er fing	er hat gefangen	attraper
finden	er findet	er fand	er hat gefunden	trouver
fliegen	er fliegt	er flog	er ist / hat geflogen	voler
fliehen	er flieht	er floh	er ist / hat geflohen	fuir
fließen	er fließt	er floss	er ist geflossen	couler
fressen	er frisst	er fraß	er hat gefressen	manger (animaux)
frieren	er friert	er fror	er hat gefroren	geler
gebären	sie gebiert	sie gebar	sie hat geboren	mettre au monde
geben	er gibt	er gab	er hat gegeben	donner
gedeihen	er gedeiht	er gedieh	er hat gediehen	prospérer
gehen	er geht	er ging	er ist gegangen	aller (à pied)
gelingen	es gelingt	es gelang	es ist gelungen	réussir

Annexe 2 – Liste des principaux verbes irréguliers

gelten	er gilt	er galt	er hat gegolten	valoir
genießen	er genießt	er genoss	er hat genossen	profiter de
geschehen	es geschieht	es geschah	es ist geschehen	se produire
gewinnen	er gewinnt	er gewann	er hat gewonnen	gagner
gleichen	er gleicht	er glich	er hat geglichen	ressembler
graben	er gräbt	er grub	er hat gegraben	creuser
greifen	er greift	er griff	er hat gegriffen	saisir
halten	er hält	er hielt	er hat gehalten	arrêter, tenir
hängen	er hängt	er hing	er hat gehangen	être suspendu
heißen	er heißt	er hieß	er hat geheißen	s'appeler
helfen	er hilft	er half	er hat geholfen	aider
klingen	er klingt	er klang	er hat geklungen	sonner
kommen	er kommt	er kam	er ist gekommen	venir
laden	er lädt	er lud	er hat geladen	charger
lassen	er lässt	er ließ	er hat gelassen	laisser
laufen	er läuft	er lief	er ist / hat gelaufen	marcher, courir
leiden	er leidet	er litt	er hat gelitten	souffrir
leihen	er leiht	er lieh	er hat geliehen	prêter, emprunter
lesen	er liest	er las	er hat gelesen	lire
liegen	er liegt	er lag	er hat gelegen	être étendu
lügen	er lügt	er log	er hat gelogen	mentir
meiden	er meidet	er mied	er hat gemieden	éviter
messen	er misst	er maß	er hat gemessen	mesurer
nehmen	er nimmt	er nahm	er hat genommen	prendre
preisen	er preist	er pries	er hat gepriesen	louer, vanter
raten	er rät	er riet	er hat geraten	conseiller
reißen	er reißt	er riss	er hat gerissen	déchirer
ringen	er ringt	er rang	er hat gerungen	lutter
rufen	er ruft	er rief	er hat gerufen	appeler
saufen	er säuft	er soff	er hat gesoffen	boire (animaux ou alcoolisme)
saugen	er saugt	er sog	er hat gesogen	aspirer, sucer
schaffen	er schafft	er schuf	er hat geschaffen	créer
scheiden	er scheidet	er schied	er hat geschieden	séparer
scheinen	er scheint	er schien	er hat geschienen	briller, sembler
schieben	er schiebt	er schob	er hat geschoben	pousser
schießen	er schießt	er schoss	er hat geschossen	tirer (arme)
schlafen	er schläft	er schlief	er hat geschlafen	dormir
schlagen	er schlägt	er schlug	er hat geschlagen	battre
schließen	er schließt	er schloss	er hat geschlossen	fermer
schmeißen	er schmeißt	er schmiss	er hat geschmissen	jeter
schmelzen	er schmilzt	er schmolz	er ist geschmolzen	fondre
schneiden	er schneidet	er schnitt	er hat geschnitten	couper
schreiben	er schreibt	er schrieb	er hat geschrieben	écrire
schreien	er schreit	er schrie	er hat geschrien	crier

schreiten	er schreitet	er schritt	er ist geschritten	marcher
schweigen	er schweigt	er schwieg	er hat geschwiegen	se taire
schwimmen	er schwimmt	er schwomm	er ist /hat geschwommen	nager
schwören	er schwört	er schwor	er hat geschworen	jurer
sehen	er sieht	er sah	er hat gesehen	voir
sein	er ist	er war	er ist gewesen	être
singen	er singt	er sang	er hat gesungen	chanter
sinken	er sinkt	er sank	er ist gesunken	baisser, couler
sitzen	er sitzt	er saß	er hat gesessen	être assis
sprechen	er spricht	er sprach	er hat gesprochen	parler
springen	er springt	er sprang	er ist gesprungen	sauter
stehen	er steht	er stand	er hat gestanden	être debout
stehlen	er stiehlt	er stahl	er hat gestohlen	voler
steigen	er steigt	er stieg	er ist gestiegen	monter
sterben	er stirbt	er starb	er ist gestorben	mourir
stinken	er stinkt	er stank	er hat gestunken	puer
stoßen	er stößt	er stieß	er ist /hat gestoßen	tomber sur, heurter
streiten	er streitet	er stritt	er hat gestritten	se disputer
tragen	er trägt	er trug	er hat getragen	porter
treffen	er trifft	er traf	er hat getroffen	rencontrer
treiben	er treibt	er trieb	er hat getrieben	pousser
treten	er tritt	er trat	er hat / ist getreten	poser le pied, fouler
trinken	er trinkt	er trank	er hat getrunken	boire
trügen	er trügt	er trog	er hat getrogen	tromper
tun	er tut	er tat	er hat getan	faire
vergessen	er vergisst	er vergaß	er hat vergessen	oublier
verlieren	er verliert	er verlor	er hat verloren	perdre
verschwinden	er verschwindet	er verschwand	er ist verschwunden	disparaître
verzeihen	er verzeiht	er verzieh	er hat verzogen	pardonner
wachsen	er wächst	er wuchs	er ist gewachsen	grandir
waschen	er wäscht	er wusch	er hat gewaschen	laver
weisen	er weist	er wies	er hat gewiesen	indiquer
werben	er wirbt	er warb	er hat geworben	faire de la publicité
werden	er wird	er wurde	er ist geworden	devenir
werfen	er wirft	er warf	er hat geworfen	jeter
wiegen	er wiegt	er wog	er hat gewogen	peser
ziehen	er zieht	er zog	er hat gezogen	tirer
zwingen	er zwingt	er zwang	er hat gezwungen	forcer, contraindre

Annexe 2 – Liste des principaux verbes irréguliers

▶ Verbes faibles irréguliers

INFINITIF	PRÉSENT	PRÉTÉRIT	PARFAIT	TRADUCTION
brennen	*er brennt*	*er brannte*	*er hat gebrannt*	brûler
bringen	*er bringt*	*er brachte*	*er hat gebracht*	apporter
denken	*er denkt*	*er dachte*	*er hat gedacht*	penser
kennen	*er kennt*	*er kannte*	*er hat gekannt*	connaître
nennen	*er nennt*	*er nannte*	*er hat genannt*	appeler
rennen	*er rennt*	*er rannte*	*er ist gerannt*	courir
senden	*er sendet*	*er sandte*	*er hat gesandt*	envoyer
wenden	*er wendet*	*er wandte*	*er hat gewandt*	tourner

INDEX

A

à, 25, 45
à cause de, 28
à cette occasion, 87
à côté de, 26
à court terme, 88
à l'époque, 88
à l'intérieur de, 28
à l'occasion de, 27
à la fin, 88
à la suite de, 28
à long terme, 88
à mon avis, 96
à vrai dire, 87
ab, 25
aber, 11, 71
ablehnen, 94
abnehmen, 74, 90
aborder, 89
accusatif, 12
actuellement, 88
adjectif épithète, 18
adjectifs substantivés, 21
aendern, 90
affirmer, 89
agir, 89
ahnen, 91
aider, 77
ainsi, 87
ajouter, 89
alle, 20, 75
allerdings, 87
alles, 63, 75
alles in allem, 88
als, 52, 57, 68
als (ob), 58
also, 68, 87

am Anfang, 88
am Ende, 88
am meisten, 80
améliorer, 89
an, 25, 30, 33, 34, 40
analyser, 89
analysieren, 89
angeben, 93
anglicismes, 68
anlässlich, 27
annehmen, 95
anscheinend, 87
anspielen, 93
ansprechen, 89
apparaître, 89
apparemment, 87
appeler à, 89
appellieren, 89
appliquer, 89
apprendre, 89
approuver, 89
après, 53, 76
après que, 53
arriver, 89
article défini, 14, 19
article indéfini, 14, 20, 51
assez, 73
assurer, 89
atteindre, 90
attribut, 12, 18
au début, 88
auch, 68, 86
au-delà de, 28
au-dessus de, 26
auf, 25, 30, 34, 35, 40, 69
auftauchen, 89
augmenter, 74, 90

aus, 24, 35, 51
aus diesem Grund, 87
aus diesen Gründen, 87
ausdrücken, 92
ausgeben, 69
auslösen, 91, 95
außerhalb, 27
aussi, 68
autrefois, 88
auxiliaires, 48, 61, 166, 168, 169
außer, 25
außerdem, 86
außerst, 87
avant, 53, 88
avant de, 53
avoir affaire à, 90
avoir besoin de, 90
avoir l'impression, 90
avoir lieu, 90
avoir pour conséquence, 90

B

baisser, 74, 90
beaucoup, 21, 73, 80
bedeuten, 95
bedrohen, 93
beeinflussen, 93
befürchten, 91
befürworten, 89
behandeln, 95
behaupten, 89
bei, 24, 31, 68
beitragen, 91
bekämpfen, 90
bekommen, 69
bemerken, 94

berücksichtigen, 95
beschließen, 91
beschreiben, 91
besonders, 87
besprechen, 91
bestätigen, 91
bestehen, 91, 95
bestreiten, 91
betonen, 95
betrachten, 91
betreffen, 90
beunruhigen, 93
bevor, 53
bewegen, 93
beweisen, 94
bewirken, 91
bezeichnen, 94
bieten, 75
bilden, 91, 94
bitten, 75
brauchen, 90
bref, 88
but, 45, 56

C

c'est pourquoi, 87
car, 11, 76
caractériser, 90
cas, 12
ce, 20
cependant, 86
certains, 21
certes, 87
certes... mais, 87
changer, 90
chaque, 20
combattre, 90
comme, 57, 58, 68
comme si, 58

comparatif, 57
– de supériorité, 57
– d'égalité, 59
– d'infériorité, 59
comparer, 90
complément d'agent, 46
complément d'objet direct, 12
complément d'objet indirect, 13
complément de nom, 13
compléments de lieu, 28
compléments de temps, 31
concéder, 90
concerner, 90
condition, 44
conditionnel, 44
conduire à, 91
confirmer, 91
conjonctions de coordination, 11
connaître, 78
considérer, 91
consister à, 91
constater, 91
constituer, 91
contester, 91
contredire, 91
contribuer à, 91
craindre, 91
critiquer, 91

D

d'abord, 86
d'après, 100
d'autre part, 86
d'un côté..., de l'autre, 87
da, 57
dabei, 87

dadurch, 87
dagegen, 86
damals, 88
damit, 56
danach, 54, 86
dank, 25
dann, 76, 86
dans, 26
dans l'intervalle, 88
dans la mesure où, 87
dans une certaine mesure, 87
darstellen, 94
darüber hinaus, 86
darum, 70, 87
dass, 55
datif, 13
dazu, 86
de, 45
de ce côté-ci, 27
de l'autre côté, 28
de nos jours, 88
de plus, 86
de temps en temps, 88
décider, 91
déclencher, 91
déclinaison faible, 19
déclinaison forte, 21
déclinaison mixte, 20
décrire, 91
défendre, 91
déjà, 81
den Eindruck haben, 90
denn, 11, 76
dennoch, 86
dépenser, 69
dernièrement, 88
derrière, 26
dès le début, 88
deshalb, 87
désormais, 88
deswegen, 70, 87

devant, 27
devenir, 69
deviner, 91
devoir, 60
die meisten, 80
dieser, 20
diesseits, 27
différencier, 91
diminuer, 74, 90
directionnel, 25, 28
discuter de, 91
distinguer, 91
doch, 86
donc, 68, 87
donner lieu à, 91
double infinitif, 45
drohen, 93
durch, 23, 47
durchsetzen, 93
dürfen, 59, 167

E

ebenfalls, 86
échouer, 92
effectivement, 87
également, 86
eigen, 77
eigentlich, 87
*einerseits...,
   andererseits*, 87
einig, 76
einige, 21, 76
einigermassen, 87
einschätzen, 92
einsetzen, 89
einzig, 77
empêcher, 92
en conclusion, 88
en conséquence, 87
en dehors de, 27
en dépit de, 28
en effet, 87

en fait, 87
en général, 86
en même temps, 87
en outre, 86
en particulier, 87
en résumé, 88
en revanche, 86
en tant que, 58, 68
en tout cas, 87
encourager, 77, 92
endlich, 71
enfin, 71, 86, 88
ensuite, 76, 86
entendre dire que, 89
entgegen wirken, 90
entre, 27
entre temps, 88
entrer en vigueur, 92
entscheiden, 91
entstehen, 89
entweder... oder, 11
épithète, 18
erfahren, 89
erhöhen, 90
erkennen, 94
erklären, 77, 92
erlauben, 93
ermöglichen, 93
erreichen, 90
erst, 72
erstens, 86
erwähnen, 92
erzählen, 77
es gibt, 70
es ist, 70
essayer, 92
essentiellement, 87
estimer, 92
et, 11
être à l'origine, 92
être confronté à, 92
être d'accord avec, 92

être dû à, 92
étudier, 89, 92
etwas, 63
évidemment, 87
éviter, 92
évoquer, 92
examiner, 92
exiger, 77, 92
expliquer, 92
exprimer, 92
extrêmement, 87

F

fahren, 61
faire allusion à, 93
faire augmenter, 90
faire baisser, 90
fast, 69
feststellen, 91
finalement, 71, 72, 88
folglich, 87
forcer à, 93
fordern, 77, 92
fördern, 77, 92
forme de substitution
   du subjonctif 2, 44
früher, 88
führen, 91
für, 23, 35, 40, 56
fürchten, 91
futur, 44, 166, 167

G

gegen, 23, 36, 40
gelingen, 94
gemäß, 25
généralement, 86
generell, 86
génitif, 13
genre des noms, 107
genug, 73

gestehen, 90
gleichzeitig, 87
glücklicherweise, 87
groupe infinitif, 45

H

haben, 61, 166
handeln, 89
hauptsächlich, 87
hervorheben, 95
heure, 81
heureusement, 87
heutzutage, 88
hingegen, 86
hinten, 26
hinter, 26
hinzufügen, 89

I

il y a, 33
illustrer, 93
im Allgemeinen, 86
im Gegenteil, 86
im Großen und Ganzen, 86
important, 69
imposer, 93
in, 26, 29, 31, 36
in Betracht ziehen, 94
in der Regel, 86
in der Tat, 87
in die Praxis umsetzen, 93
in Kraft treten, 92
inciter à, 93
indiquer, 93
infinitif, 44
infinitif substantivé, 109
influencer, 93
infolge, 28
infolgedessen, 87

infrage stellen, 94
innerhalb, 28
inquiéter, 93
insbesondere, 87
insofern als, 87
interrogatives globales, 11
interrogatives partielles, 11

J

jedenfalls, 87
jeder, 20
jedoch, 86
jener, 20
jenseits, 28
jetzt, 88
Jugendliche (der), 78
Junge (der), 78
jüngst, 88
justifier, 93

K

kein, 51
kennen, 78
kennzeichnen, 90
klagen, 95
können, 59, 78, 167
kritisieren, 91
kurzfristig, 88
kurzum, 88

L

la plupart de(s), 80
la plupart du temps, 80, 86
langfristig, 88
leider, 87
locatif, 25, 28

M

maintenant, 88
mais, 11, 71
majuscules, 63
malgré, 28
malheureusement, 87
man, 79
manche, 21
manchmal, 88
manifestement, 87
Mann (der), 80
masculins faibles, 22
mehrere, 21
meiner Meinung nach, 96
meistens, 80, 86
même, 87
menacer, 93
mettre en pratique, 93
mettre l'accent sur, 93
mit, 24, 36, 41
mittlerweile, 88
mögen, 167
monter, 74, 90
montrer, 69, 93
mots de liaison, 86
müssen, 60, 167

N

nach, 24, 29, 37, 41, 53
nachdem, 54
nachher, 54
nämlich, 87
ne ... que, 72
néanmoins, 86
neben, 26
négation, 50
négation globale, 50
négation partielle, 50
neulich, 88
ni...ni, 11

nicht, 50
nichts, 63
nominatif, 12
noms féminins, 108
noms masculins, 108
noms neutres, 109
Nummer (die), 83
nur, 72

O

ob, 54
obliger à, 93
oder, 11
offensichtlich, 87
oft, 69
ohne, 23
on, 79
ou, 11
ou… ou, 11

P

par contre, 86
parfait, 46, 61, 166, 167
parmi, 26
participe passé, 44, 46
   emploi, 46
   formation, 47
partir du principe, 93
passer du temps, 69
passif, 46
payer, 82
pendant, 28
permettre, 93
peu, 21
peut-être, 87
place du verbe, 10
   – dans la phrase simple, 10
   – dans la subordonnée, 11
   – dans les questions, 11
pluriel des noms, 109
plus que parfait, 166
plusieurs, 21
pour, 56
pour conclure, 88
pour finir, 71, 72
pour que, 56
pourtant, 86
pousser à, 93
pouvoir, 59, 78
premièrement, 86
prendre conscience, 93
prendre en considération, 94
prendre position, 94
prépositions mixtes, 25
prépositions suivies de l'accusatif, 23
prépositions suivies du datif, 24
prépositions suivies du génitif, 27
présupposer, 94
prétérit, 48, 166, 167
prévenir, 94
préverbe séparable, 47
préverbes inséparables, 47
principalement, 87
promettre, 94
promouvoir, 77, 92
pronom personnel, 14, 49
pronom réfléchi, 49
pronom relatif, 15, 55
proposer, 94
prouver, 94
provoquer, 91, 94, 95
prüfen, 96
publier, 94

Q

qualifier de, 94
quand, 52, 70
que, 55
quel, 20
quelques, 21, 76

R

reagieren, 94
réagir à, 94
réaliser, 94
récemment, 88
recevoir, 69
rechtfertigen, 93
reconnaître, 90, 94
rection
   – des adjectifs, 40
   – des noms, 42
   – des verbes, 16, 33
redouter, 91
réduire, 74
refuser, 94
regarder, 69
regret, 44
relativement, 73
remarquer, 94
remettre en question, 94
remonter à, 94
renforcer, 94
représenter, 94
reprocher, 94
réussir, 94
revendiquer, 92

S

s'agir de, 95
s'effondrer, 95
s'imaginer, 95
sans aucun doute, 87
savoir, 78

Index

schaffen, 94
schauen, 69
scheitern, 92
schildern, 91
schließlich, 72, 88
schon, 81
schön, 81
se composer de, 95
se déclarer pour /
   contre, 95
se développer, 95
se plaindre de, 95
se produire, 89, 95
se répercuter sur, 95
se révéler, 95
sehr, 73
sein, 61, 166
seit, 24
selbstverständlich, 87
senken, 74, 90
seul, 77
seulement, 72
si, 54
sich, 49
sich aussprechen, 95
sich auswirken, 95
sich beschweren, 95
sich entwickeln, 95
sich ereignen, 95
sich erweisen, 95
sich handeln um, 95
sich herausstellen, 95
sich vorstellen, 95
signifier, 95
sinken, 74, 90
so, 87
sogar, 87
soit... soit, 11
sollen, 60, 167
somme toute, 88
sondern, 71
souhait, 44

souligner, 95
sous, 26
soutenir, 77, 95
souvent, 69
spenden, 69
Staat (der), 81
Stadt (die), 81
stattfinden, 90
steigen, 74, 90
steigern, 74, 90
Stellung nehmen, 94
Stunde (die), 81
subjonctif 1, 168
subjonctif 2, 44, 169
subordonnée relative,
   15
suffisamment, 73
sujet, 12
supposer, 95
sur, 25
surtout, 87
susciter, 95

T

tatsächlich, 87
tenir à, 92
tenir compte de, 95
tôt ou tard, 88
tous, 20, 75
tout, 75
tout compte fait, 88
tout le monde, 75
toutefois, 86
traiter, 95
très, 73
trotz, 28
trotzdem, 86

U

ueber, 26, 37, 41
ueber kurz oder lang,
   88
Uhr (die), 82
um, 24, 32, 38
um ... zu, 56
un jour ou l'autre, 88
und, 11
unten, 26
unter, 26, 38
unterscheiden, 91
unterstreichen, 95
unterstützen, 95
untersuchen, 89, 92

V

verändern, 90
veranschaulichen, 93
verbes de changement
   d'état, 61
verbes de modalité, 45,
   48, 49, 169
verbes de mouvement,
   61
verbes intransitifs, 16
verbes réfléchis, 61
verbes suivis de
   l'accusatif, 16
verbes suivis du datif, 17
verbes suivis du génitif,
   17
verbes transitifs, 16, 61
verbessern, 89
verbringen, 69
vergleichen, 90
verhindern, 92
vérifier, 96
verlangen, 77
vermeiden, 92
vermuten, 95

veröffentlichen, 94
versichern, 89
versprechen, 94
verstärken, 94
versuchen, 92
verteidigen, 91
verursachen, 94
verweisen, 93
verwirklichen, 94
viel, 21, 73
vielleicht, 87
virgule, 64
voir, 69
voix active, 46
voix passive, 46
von, 24, 38, 41, 46, 51
von ... bis, 32
von Anfang an, 88
von nun an, 88
vor, 27, 33, 39, 53
vor allem, 87
vor kurzem, 88
voraussetzen, 94
vorher, 53
vorkommen, 89
vorschlagen, 94
vorwerfen, 94
vraiment, 87
vraisemblablement, 87

W

während, 28
wahrscheinlich, 87
wann, 11, 52
warnen, 94
warum, 11
was, 11
weder... noch, 11
wegen, 28
welcher, 20
wenige, 21
wenn, 52, 55
wer, 11
werden, 44, 69, 166
wichtig, 69
widersprechen, 91
wie, 59
wirklich, 87
wissen, 49, 78
wo, 11
woher, 11
wohin, 11
wollen, 167
W-Wort, 11, 52

Z

Zahl (die), 82
zahlen, 82

zählen, 82
zahlreiche, 21
zeigen, 69, 93
ziemlich, 73
Ziffer (die), 83
zu, 24, 31, 33, 39, 42, 45
zuerst, 86
zufolge, 100
zugeben, 90, 94
zugrunde liegen, 92
zuletzt, 86
zum Glück, 87
zum Schluss, 88
zunächst, 86
zunehmen, 74, 90
zur Folge haben, 90
zurückgehen, 74
zusammenbrechen, 95
zusammenfassend, 88
zustimmen, 89
zuvor, 53
zwar... aber, 87
zweifellos, 87
zwingen, 93
zwischen, 27
zwischendurch, 88

Cet ouvrage a été achevé d'imprimer en mai 2011
dans les ateliers de Normandie Roto Impression s.a.s.
61250 Lonrai (Orne)
N° d'impression : 111858
Dépôt légal : mai 2011

Imprimé en France